Juan-Jacobo Bajarlía.
Retrato por Juan Del Prete

Juan-Jacobo Bajarlía

ALEJANDRA PIZARNIK
Anatomía de un recuerdo

EDITORIAL ALMAGESTO
Buenos Aires

© Editorial Almagesto
Rodríguez Peña 554, P.B., Dto. "A", Buenos Aires
Composición, armado y películas:
ECEGraph, Esmeralda 625, 3º "G"
Hecho el depósito que marca la Ley 11.723.
ISBN: 950-751-183-0

PRÓLOGO

Este es un libro raro. No sólo infrecuente, sino raro. Juan Jacobo Bajarlía reconstruye una época, una época no demasiado lejana, y lo hace con vivacidad, pensando en voz baja, sin presunciones ni alardes. El motivo de esa visita al pasado es su relación con Alejandra Pizarnik. Nadie escribe acá este tipo de cosas. Lo impide el pudor, la discreción, la indiferencia o lisa y llanamente la hipocresía.

Alejandra Pizarnik. Basta nombrarla para que en el aire vibren la poesía y la leyenda. El nombre se asocia a una lírica extrema y también a una tragedia. *Anatomía de un recuerdo* no descarta ni desacredita estas asociaciones, pero revela un mundo real, sitúa a personas y personajes que andaban por ahí, cuenta cómo eran las reuniones en la casa de Oliverio, qué se discutía, y entonces, a pesar de la sobriedad estilística del autor, todo se transforma, se transfigura, todo adquiere un carácter alucinatorio. La luna que patrulla sobre la calle Suipacha se convierte en *"la luna que vio Antonin Artaud cuando gemía en Rodez, o la que vio Van Gogh cuando disputaba con Gauguin. Una luna imprecisa que sin embargo nos era propicia"*.

Alejandra comparece. Menuda, frágil, parecida a la leyenda. Pero también es distinta, inclinada, respirando con dificultad, trazando los palotes poéticos de su genio.

Gracias a Bajarlía, las charlas y conspiraciones de los

poetas pierden la solemnidad con la que a menudo se las piensa. Bromas, jactancias y rivalidades quedan al desnudo, y también sospechas, prejuicios y apodos. Una asombrada, una amorosa memoria las recobra a gusto, una memoria que atrae al lector y lo deja asomarse a lo importante y a lo nimio, a la batalla perdida anteayer por el prestigio de un poeta y a los trabajos y las noches que tal prestigio costó a sus admiradores.

Por suerte, y merced a una elegancia pendular, a una indiscreción casi anónima, a una mirada que sabe cómo se ocultan los signos porque supo antes advertirlos, el libro de Bajarlía no se agota en su rareza. Busca una fuerza que anima a quienes aman la literatura, a quienes siguen amándola. Opera del mismo modo sobre el pasado que sobre el futuro, sin predicciones ni nostalgia, porque ha descubierto una persistencia anudada a la ley del olvido que los iguala. Encuentra así individuos, anécdotas, circunstancias, pero deja leer, con una velocidad y una precisión fulgurantes, sólo el presente. Deja a la joven poeta, al autor y a la época a solas, en ese momento que calla lo que gritarán los otros. Como dice el poema de Alejandra: *"Mi última palabra fue 'yo', pero me refería al alba luminosa"*.

Luis Chitarroni

I. EL ENCUENTRO

EL ABSURDO COMO RELACIÓN

L'absurde devient une valeur poétique,
comme la douleur et l'amour.

Tristán Tzara: *Le surréalisme et*
l'après-guerre, 15.

Mi clase, en la Escuela del Periodismo, calle Libertad, entre Diagonal Norte y Tucumán, era la más concurrida en 1954. Yo dictaba entonces *Literatura moderna,* nombre con el que disfrazaba una apasionante historia de los movimientos de vanguardia, rechazados oficialmente en los institutos de enseñanza durante el gobierno de Juan Domingo Perón. Ese día de abril de 1954 inicié las clases sobre el *dadaísmo* y la definición urticante de Tristán Tzara acerca del arte como *producto farmacéutico para imbéciles.* Me proponía romper con los convencionalismos y el falso folklorismo alentado por los envejecidos arúspices del Estado. Hablé del *espontaneísmo* como medida de la tendencia, y de la traición de André Breton a sus compañeros *dadaístas,* de los que luego se separará para lanzar, en 1924, *El Primer Manifiesto del Surrealismo,* cuando Antonin Artaud, ya derrumbado, pero lúcido, pedía toda clase de drogas para calmar sus dolores.

El *espontaneísmo* de 1916, defendido doctrinariamente por *Dadá,* decía yo, se había convertido en el enigmático *automatismo* surrealista de 1924. Cuando Tzara fustigaba, desde Zurich (donde nace el dadaísmo) la Primera Guerra Mundial, como causa del hundimiento de la civilización, André Breton, desde París, mediante el supuesto automatismo, tomado del psicoanálisis, impulsaba a una

9

batalla para hallar el *punto de sutura* entre la realidad y el sueño, entre el entorno esclavo de la materia y la imaginación proyectada desde las zonas más profundas del inconsciente. Recalcaba la adhesión de André Breton a Freud, su admiración por el mito de Edipo y la tendencia de algunos de sus compañeros a los espíritus redivivos de Allan Kardec, arrojados en *Le Livre des sprits,* de 1857, infinidad de veces reeditado y celebrado como el descubrimiento del siglo. Analizaba la contradicción entre el espíritu y la materia y las proposiciones de Marx invirtiendo a Hegel, que estaban implícitas en el surrealismo.

De entre los concurrentes a esa clase recuerdo al rector de la Escuela, que era Américo Barrios (Luis María Albamonte, su verdadero nombre), reemplazado luego por José Gabriel, al profesor de sociología José Ramón Cortés Martínez, y a Omar Viñole, el Hombre de la Vaca, que entonces enseñaba oratoria en el mismo establecimiento, como simple pretexto para reiterar la prosa de combate de su periódico *El Tanque.*

Hacia adelante, en la primera fila, mudos como ante una representación del mito en Epidauro, se hallaban Antonio Román, más tarde jefe de *creativas* en el diario *Clarín,* y Alejandra Pizarnik. Esta era la única que tomaba apuntes y seguía atentamente mi exposición. Anotaba cuanto decía y levantaba la mano para interrogar sobre aquello que de alguna manera estaba en oposición con el tradicionalismo.

Una semana después, fascinada por ciertas frases de Tristán Tzara que yo traducía en clase de *Le surréalisme et l'après-guerre,* frases donde yo hablaba de la *tradición revolucionaria* específicamente poética, y del *absurdo que se vuelve un valor poético como el dolor y el amor,* se acercó a mi a la salida de la Escuela y me preguntó si era posible conseguir ese libro. Sus lecturas no habían pasado de Rubén Darío, y ahora advertía que el mundo de la poesía tenía otros parámetros que modificaban sustancialmente la concepción poética.

Le dije que lo viera a Félix Gattegno de mi parte en la *Librería Galatea* (Viamonte casi esquina Florida) y le preguntara al respecto. El, antiguo integrante de los grupos surrealistas, en París, solía importar libros franceses, y era posible que lo tuviera o lo hiciera traer. En ese sentido, para nosotros, era el librero que más rápido adquiría las obras publicadas en Francia, especialmente las del surrealismo.

Dije todo eso por decir algo, pero me remordió la conciencia y le extendí el ejemplar que yo había traducido en clase. Le pregunté si sabía francés. Respondió que sí y que se ayudaba con un diccionario de Alcalá-Zamora y Teophile Antignac, editado por Sopena.

Como era temprano la invité a tomar café en la *Confitería Real* (hoy Banchero), en Corrientes y Talcahuano.

Alejandra tenía 18 años, y en mi lista de clase figuraba como *Pizarnik, Flora Alejandra*. Había nacido en Avellaneda el 29 de abril de 1936, y tenía una hermana (de la que solía hablarme) de nombre Myriam. Su padre, Elías Pizarnik, era un *joyero a domicilio* (expresión de Alejandra). Su madre, Rosa Rejzla Bromíker, una *vieja rezongona,* como ella decía, con la que siempre estaba en conflicto. No la entendía, o por exceso de celos siempre había motivos para discutir.

Todo eso me fue revelado aquella noche en la *Real.* Llena de acné, un tanto inclinada levemente y con cierta dificultad para hablar que provenía de su mala respiración (alguien la habría calificado de ligeramente tartamuda), me dijo que en casa la llamaban *Buma,* flor, en idish) y a veces *Blimele* (florcita). Incluso que en algún momento tenía fatiga por cierta escoliosis y una alergia asmática mal curada. Este síntoma le producía dolor de espalda y la impulsaba a cualquier analgésico.

Mientras ella apuraba un cigarrillo entre inhibida y

locuaz, y yo reencendía a cada instante mi pipa, me detenía en sus grandes ojos verdes o calibraba su cabello castaño, su tez morena y sus labios gruesos y sensuales. Entre sus ojos y sus labios el Bosco hubiera imaginado una naturaleza más apocalíptica o un infierno poblado de otros monstruos. No hablamos de dadaísmo ni surrealismo. Nada de literatura. La clase quedaba atrás como una pesadilla que debía borrarse. Descendimos en nosotros mismos como buscando una significación o una clave que nos dijera por qué, repentinamente, había nacido en nosotros una afinidad impensada, una atracción que andando los días se haría más densa, más imperiosa. Es posible que nos uniera el deseo de la poesía y el prestigio de mi materia en la Escuela del Periodismo. O bien uno de esos enigmas que crea el azar para darle realidad al absurdo. Lo cierto es que esa noche profesor y alumna perdieron su condición de tales y se transfiguraron. El *azar objetivo,* como decían los surrealistas, caía sobre nosotros dejando a oscuras el desenlace.

Ella tenía 18 años. Yo la doblaba en edad. Podía ser un personaje de Valle Inclán o una presencia edónica de Francisco Delicado. Cuando se lo dije (ella no me entendió) quiso esbozar una respuesta que quedó en sus labios. Arqueó los hombros y sonrió. Recordé entonces que H. G. Wells, el autor de *La máquina del tiempo,* se había enamorado de su alumna, Amy Catherine Robbins cuando él era profesor de biología en la Escuela de Ciencias, de Londres. Me tranquilicé a mí mismo recurriendo a la experiencia que dan las letras cuando éstas lo deslumbran a uno.

Ya era muy tarde cuando nos fuimos de la *Real.* Nos dirigimos hasta Avellaneda, y la dejé en el número 114 de la calle Lambaré, la casa donde su "vieja rezongona" estaba dispuesta a pelearla en cualquier momento y por cualquier motivo.

Entró hojeando el libro de Tristán Tzara y se dio media

vuelta para decirme que iba a "estudiar a fondo" la obra de un autor como él, que se expresaba con tanto desparpajo sobre la literatura de su época.

Me acerqué más a la puerta, y olvidando la despedida, le referí algunas curiosas anécdotas de Tristán Tzara. Aquella, por ejemplo, en que una admiradora, después de una conferencia en Zurich, le extiende el libro de Racine y le pregunta qué opinaba del autor.

Tzara leyó el título y lo arrojó hacia un costado por encima de otros concurrentes, mientras decía, contrariado: *"¡Merde, merde! Esto no es para leer"*.

Alejandra se echó a reír, y yo agregué algo más, mezclando las extravagancias del dadaísmo con el surrealismo. Recordé aquella exposición en que los asistentes debían entrar a través de un boquete abierto en un mingitorio. Y una vez dentro, destruir las obras con todo lo que uno tuviera a su alcance. Eran la palabra y la acción en una unidad inapelable. Si *dadá* no era nada, si *dadá* era un producto farmacéutico para imbéciles, nada mejor que negarlo todo y aun la misma existencia.

Alejandra reía. Hojeaba el libro y me miraba. El "profesor" se diluía. Se convertía en un "amigo" más. O en algo más profundo, cuyos límites (o ilímites) iba a demarcar el tiempo.

En ese instante oímos una voz grave, un vozarrón que provenía desde adentro como surgida de un círculo dantesco: "¡Buma, Buma! ¿Hasta cuándo?".

Nos miramos en silencio. Era un reproche de la madre que pretendía dormir e impedir que Alejandra siguiera en esa actitud hasta el amanecer.

En nuestra mirada nos dijimos todo: la clase venidera, los libros de Tzara o André Breton, el próximo encuentro. Hablaban ya nuestros ojos, las intenciones que brillaban en ellos con las pupilas humedecidas por el fervor.

Después, siempre sin hablarnos, ella cerró la puerta y

yo regresé a la calle solitaria, perdida bajo una luz de luna que envolvía las incógnitas de cierta historia que pudo haberse dado una y otra vez en el tiempo.

LOS CAMINOS DE LA CONTRADICCIÓN

*Las palabras no corrompen el silencio
de quienes tienen oídos para oír lo que
queda por decir.*
Norman O. Brown: *Love's Body,* XVI.

Comíamos, por lo general, en el Sindicato Argentino de Músicos, calle Paraguay 1178 (después el Juzgado Letra G, en lo Criminal y Correccional). Cuando tenía algún dinero de sobra lo hacíamos en el *Edelweiss* de la calle Libertad. Después de la cena íbamos a mi Estudio Jurídico, en la calle Cerrito, casi enfrente del Obelisco. Alejandra preparaba el café en un calentador eléctrico, y luego, yo mismo, como continuando mi clase de la Escuela del Periodismo, extraía algunos libros de la estantería y comenzaba a exponer mis puntos de vista. Era algo así como un disco rayado. Un fonógrafo desvencijado que saltaba en el mismo surco. Reventaba a los clásicos y a todos los contemporáneos que se oponían al vanguardismo. A Víctor Hugo o Leopoldo Lugones. Todo era igual.

Alejandra fumaba, alternaba con el café y me pedía explicaciones sobre la locura de Antonin Artaud y los libros de éste que yo barajaba en ese momento: el *Supplément aux Lettres de Rodez* (seguido de una carta a Henri Parisot, en la que trataba de *traidor* a Coleridge) y esa polémica *Pour en finir avec le jugement de Dieu,* cuya emisión radiofónica, en 1947, había promovido un gran escándalo y una serie inacabable de ardidas controversias.

Advertí que el tema de Artaud, la vida de éste, la ponía

15

tensa. La succionaba como una ventosa extraterrestre, Alejandra se transfiguraba, perdía su mirada y se extraviaba en sí misma. Se generaba un silencio no menos grávido que paralizaba mi explicación, cuyo vacío era más explícito que las palabras. En su silencio había, posiblemente, un lenguaje de muerte, de extinción, que sólo podría interpretarse al final de su días. Era como una precognición que ella elaboraba sin solución aparente, que yo comprendí mucho después.

Quise desviar el tema, hablar de Coleridge y de su *Rima del Marinero Antiguo*. Pero fue peor porque tuvimos que referirnos al miedo de morir de Coleridge, al alcohol y el opio que ingería para vencer sus dolores y el terror que lo acosaba. O al láudano que tomaba con miras a dormir o soñar en los mundos paralelos.

Alejandra, como dije, debido a la escoliosis y el asma, sufría de dolores de espalda. Me pedía *Saridón,* o una *latita,* como ella decía, porque eran dos comprimidos en un envase. Me telefoneaba en ese sentido al salir de su casa para venir a verme. A veces me encargaba *Fenaspirina* o *Irgapirín* que servía para el reumatismo. Un día observé que llevaba *Novalgina.* La explicación que me daba es que todo esto, incluida la *Alginodia,* al quitarle los dolores, la aliviaban de su mala respiración. Esta, a su vez, le provocaba el dolor.

Ella misma se recetaba, y cuando yo le hablaba de los *Aforismos* de Hipócrates, de aquel que dice *Debes conocer el síntoma,* contestaba con la inscripción del templo de Delfos: *Conócete a tí mismo.* No había manera de disuadirla.

Hablar esa noche de Antonin Artaud y Samuel Coleridge, fue un verdadero desacierto. "Nunca tomé opio ni láudano", me dijo (o creo que me dijo). "¿Has hecho vos esa experiencia?". No recuerdo lo que le contesté. Pero el tema se repitió muchas veces. Siempre decíamos lo mismo. Alejandra buscaba mis respuestas, y yo, que ya la conocía demasiado, encendía mi pipa y me hacía el distraído. Ella, a su vez, caía en el silencio, en ese silencio en el que mis oídos también oían lo que quedaba por decir.

Después de un instante, asumiendo falsamente una actitud fervorosa, eché mano al *Fausto* de Goethe, traducido por Augusto Bunge, y leí la *Noche de Valpurgis*. No le gustó la versión. Se resentía el ritmo y el sentido emocional (con lo que estuve de acuerdo). Salvamos, sin embargo, este razonamiento del desdichado Fausto:

> *Prefiero ir allá arriba; veo lumbre*
> *Roja y humeantes remolinos.*
> *Hacia el trono del Mal corre la muchedumbre;*
> *Allá he de ver resueltos enigmas peregrinos.*

Los demás versos nos tuvieron sin cuidado. Incluso nos reímos injustamente de Goethe, a quien considerábamos un burgués bien alimentado que Beethoven odiaba por su indiferencia para las causas revolucionarias.

Habíamos pasado de lo trágico al humor. En Alejandra las reacciones se generaban sorpresivamente. Ella era obsesiva e inestable. Diría que era *circular*. Estar exaltada o depresiva era cuestión de segundos. Se elevaba o caía tan fácilmente como abríamos un libro para pasar de un tema a otro. Cuando le hacía notar su extremada sensibilidad, sonreía, se encogía de hombres. Era su manera de contestar. El silencio se poblaba de voces inaudibles que yo interpretaba. Entonces reencendía mi pipa y tenía dos posibilidades: continuar con el tema o inventar uno nuevo.

Con Alejandra todo se volvía paradójico. Chesterton hubiera hallado una nueva definición para explicar el absurdo que deja de ser absurdo para convertirse en una coherencia psicológica. Aquí, lo paradójico era el dar vuelta la realidad para forjarse un mundo imaginario con más

17

fuerza que la imaginación. En otras palabras: un desdoblamiento del desdoblamiento para hallar una vía de escape. Es lo que pretendía Antonin Artaud cuando escribía sus cartas patéticas desde Rodez. Y es lo que fui advirtiendo en la sensibilidad de Alejandra.

A la una de la madrugada miró la hora en mi reloj pulsera, repitió un *Saridón* y me pidió que la acompañara a su casa. Temía el "choque con la vieja", pero no le importaba. Su vida era suya, como solía decirme, y detrás de su vida sólo estaba ella misma y no "la vieja rezongona".

Se ajustó la blusa y le pedí que se quedara, pero ya estaba depresiva. Quiso llevarse los libros de Artaud, y no me opuse. Nunca me devolvía lo que se llevaba, a no ser que lo necesitara yo para un artículo.

La dejé en Lambaré, y ya era muy tarde. Cuando me despedí me enrostró, gratuitamente, que era "un arbitrario". No quise contradecirla. Le di un beso que no tuvo respuesta, y desaparecí. Llegué a mi casa cuando los gallos de un vecino anunciaban el alba.

En vez de dormir, escribí unas líneas para enviárselas a Buma:

> *"Sé por qué me has dicho arbitrario. Es verdad que a veces no contesto tus preguntas y recurro al encendido de la pipa para hacerme el sordo o el desentendido. Te olvidás de que sos más cambiante que el antiguo Proteo. En un solo instante te pasás del fervor a la tragedia. Cambiás de tema y ropaje como Frégoli y Arsenio Lupin. George Sand te hubiera aplaudido. Era como vos.*
>
> *"Hoy te vi nerviosa, como a veces cuando exponés en clase y estás pendiente de los compañeros que te miran. Pensé que estabas así por algún problema familiar. Quise decírtelo, pero me contuve. Opté por*

desentenderme y me llamaste arbitrario. No lo soy.
Y así como te digo George Sand, también te digo
Laura o Beatrice. Entre vos y yo no hay ninguna
diferencia. Quisiera verte siempre como en aquella
madrugada, en la puerta de tu casa, cuando feste-
jábamos las ocurrencias de Tristán Tzara y tu madre
rezongaba por el bullicio y la tardanza".

Releí el papel y lo hallé demasiado estúpido. Muy flojo.
Era un sermón gratuito. Sin ninguna finalidad. Una defensa
mal hilvanada que también incluía un ataque.

Pensé o recordé una frase de Gerard de Nerval: *el amor*
es un juego donde el que pierde gana. Y en otra de Theophile
Gautier: *en amor hay palabras negras y blancas, pero nadie*
sabe elegirlas.

Volví a releer el papel y, olvidado de todo, me dije a mí
mismo: *no hay amor sin palabras, sin un signo que lo*
exprese, pero las palabras o los signos deben tener los colores
del arco iris.

Me vi como un romántico y sonreí. ¿Qué me estaba
sucediendo? ¿Por qué naufragaba en la inestabilidad de
Buma? Entre Laura y Beatrice, me hubiera quedado con
Laura. Pero Buma, ¿era realmente Laura? Dudé un instante. Me hubiera gustado que fuera Aurelia.

Perdí el sueño y leí a Petrarca y a Gerard de Nerval.
Después busqué *La vita nova.* Luego a Guido Cavalcanti y
el *dolce stil novo.* Un caos para hallar una respuesta. Lo
único cierto era la palabra *arbitrario,* un reproche inespe-
rado, no gratuito como yo creí al comienzo, que provenía de
una mujer que se ajustaba a los sentimientos que la domi-
naban espontáneamente.

En el insomnio barajé mil respuestas para el día siguiente. Ya estaba en la vorágine. Era el *esclavo* de Mira de
Amescua. Pero no quería que Alejandra fuera la Justina de

19

Calderón de la Barca, ese esqueleto de *El mágico prodigioso.*
Si no había diferencia entre yo y ella, ¿a qué una palabra
arrojada al azar?

Tomé el papel que le había escrito y lo metí en un cajón.
¿No era eso lo que hacía Disraelí para olvidarse de un hecho
o de un problema inútil?

LA TORRE DE BABEL

Antes yo no comprendía porqué no re-
cibía ninguna respuesta a mis pregun-
tas: hoy no comprendo cómo podía creer
que podía preguntar. Pero yo no creía
en absoluto, solamente preguntaba.
Franz Kafka: *Aforismos,* 36.

En mi Estudio, al lado de Jiménez de Asúa, Soler, Núñez y otros criminalistas, al lado de Tristán Tzara, André Breton, Paul Eluard, René Char, Malcolm de Chazal y Antonin Artaud, se apilaban los libros de estas latitudes que también solíamos repasar.

Uno de ellos, *Voces,* de Antonio Porchia, editado modestamente por Impulso, en 1948, y dedicado a mí por el autor, impactó en Alejandra. Me pidió que se lo presentara en algún momento (cosa que no cumplí) y subrayó en sus páginas este pensamiento:

Las veces que observo este mundo, no soy de este
mundo; me asomo a este mundo.

Le hice un chiste de mal gusto, y para no ser menos, subrayé el siguiente:

La flor que tienes en tus manos ha nacido hoy y ya
tiene tu edad.

Le dije que yo y ella éramos eso. Me respondió que era un *falsario,* o algo parecido, que jugaba con las palabras.

Era un viernes por la tarde, con lluvia y ráfagas violentas que golpeaban el ventanal. Mateábamos con bizcochitos de grasa y nos entreteníamos leyendo lo primero que tomábamos al azar de la estantería.

Esta vez fue un libro de Roberto F. Giusti: *Momentos y aspectos de la cultura argentina,* publicado ese año (en 1954). Nos detuvimos en la página en que habla de los suicidios de Horacio Quiroga y Alfonsina Storni. Alejandra subrayó con rojo los versos en que Alfonsina aplaudía la decisión de Quiroga (suicidado con cianuro):

> *...Un rayo a tiempo y se acabó la feria...*
> *Allá dirán.*
> *Bien por tu mano firme, gran Horacio...*
> *Allá dirán.*
> *(...)*
> *Más pudre el miedo, Horacio, que la muerte*
> *Que a las espaldas va.*

Alejandra festejó el poema de Alfonsina. Yo le observé que en esos versos estaba ya la futura decisión de la desventurada poeta. Decir esto y leer el *Voy a dormir,* el último poema de Alfonsina, el que anunciaba su suicidio y que yo tenía en otro libro, fue un impulso inconsciente:

> *Voy a dormir, nodriza mía, acuéstame.*
> *Ponme una lámpara a la cabecera;*
> *una constelación; la que te guste;*
> *todas son buenas; bájala un poquito.*

No tomó cianuro como Quiroga o como Leopoldo Lugones. Se arrojó a las aguas, en Mar del Plata, cuando las constelaciones descendían para observar su firmeza.

Un café preparado por mí en reemplazo del mate, nos sustrajo en parte de un clima negativo al que Alejandra adhería con facilidad cuando "escarbábamos" la vida de los grandes escritores.

Para romper del todo con esa situación recordé a Carlos Sabat Ercasty, el poeta de *Pantheos* (1917) que tanto había influido en Pablo Neruda. Teníamos el *Proceso intelectual del Uruguay,* un enorme mamotreto publicado por Claridad en 1941, y ahí leímos el juicio del crítico uruguayo, adverso a su compatriota. Decía que los poemas de Sabat Ercasty eran demasiado largos para ser líricos o ajustarse a la brevedad que, según él, requería la lírica. Octavio Paz se habría reído de este juicio como de aquel otro en que el crítico aseguraba que el *Pantheos* se hallaba influido por Whitman y Verhaeren.

Cuando amainó la lluvia bajamos lentamente por Viamonte y nos metimos en el bar *El Temple,* entre Florida y San Martín, al lado de una librería del mismo nombre. Sobre esa misma cuadra de Viamonte, en la acera de enfrente, casi esquina Florida, estaba *Galatea,* la librería del francés Félix Gattegno, en la que Alejandra adquiría libros que yo pagaba después.

En el bar *El Temple* se reunían Enrique Pichon Rivière, Aldo Pellegrini y Elías Piterbarg. Nos invitaron a sentarnos a su mesa. Pichon Rivière preguntó qué hacía Alejandra en esos días. Ella me miró y respondió que le interesaba mucho la poesía. Pichon Rivière y Pellegrini revelaron, a su vez, que pensaban "reflotar" la revista *Ciclo,* fundada por ellos en 1949, y que les gustaría ver los poemas de Alejandra para publicarlos.

Alejandra volvió a mirarme. Enrojeció. Entonces hablé por ella y dije que estábamos corrigiendo un primer libro de poesía que aún no tenía título.

Pichon Rivière pasó a Lautréamont, su tema favorito, sobre el que ya había escrito en el número 2 de *Ciclo* (marzo-abril de 1949), con el título de *Vida e imagen del conde de Lautréamont,* transcripción de una conferencia del mismo

Pichon Rivière pronunciada en 1946, en el Instituto Francés de Estudios Superiores.

Yo, por mi parte, para la segunda época de *Ciclo*, que no se concretó, ofrecí un análisis de los *bellos como* de los *Cantos de Maldoror,* especialmente de aquel en el que el autor nos habla del *encuentro fortuito de una máquina de coser y de un paraguas sobre una mesa de disección,* que nosotros aplicábamos (vanguardismo puro) al arte y la poesía.

Alejandra se limitaba a escuchar. (Después tuve que prestarle el libro de Lautréamont con ese *Ciclo* en el que Pichon Rivière relataba la vida y la muerte del autor que aterrorizó a León Bloy, su descubridor, quien lo consideraba un monstruo blasfematorio a pesar de reconocer su genialidad.)

Agotado el tema de Lautréamont (agotado por esa noche, porque Pichon Rivière siempre volvía a él), Aldo Pellegrini habló de *El muro secreto,* su libro de poesía, y se quejó del escaso eco que había tenido en nosotros, los *invencionistas.* Se refería, indudablemente, a Edgar Bayley y a mí. Le contesté que sus poemas carecían de *poiesis,* de *invención,* como decían los griegos, y si no había *poiesis,* no había poesía, porque poesía, en ese idioma era *poiesis.* Todo muy sencillo. La discusión duró hasta la madrugada. Pichon Rivière y Piterbarg estaban de acuerdo con la significación de *poiesis,* pero agregaban que André Breton *"al valorizar el inconsciente en la poesía",* limitó la invención al juego del automatismo en el discurso poético.

Aquella discusión en *El Temple* fue para Alejandra una clase "extra" de las que yo daba sobre el surrealismo en la Escuela del Periodismo. Le gustó muchísimo. Dijo que esa noche, en ese bar, había aprendido mucho más que leyendo todos los libros de André Breton y todas las historias del surrealismo.

Llegamos a Lambaré a las 3 de la madrugada. Al

despedirnos, como si aún continuáramos el debate, le dije: *la imagen poética nace de términos antitéticos estructurados emocionalmente.* Era una frase que yo repetía siempre, la frase con que Edgar Bayley y yo analizábamos la validez de un poema.

Ella me miró un instante, sopesó la frase y respondió que esa definición de la imagen podría hacerse extensiva al amor: *dos fuerzas antitéticas en una estructura emocional.* La definición se revitalizó. Se llenó de fuego. La despedida tuvo un sentido fervoroso.

LA LUNA DE CARTÓN

Alejandra tenía la llave de mi Estudio, y cuando la olvidaba, el Polaco, como le decíamos al encargado del edificio, le abría la puerta y hasta la proveía de azúcar o café cuando era necesario. Tenía una buena relación con nosotros.

Ese día (mediados de 1954) ella tomaba notas para redactar una monografía que yo había pedido en la Escuela acerca de Lautréamont. Le había dejado, para que se orientara, el número 2 de *Ciclo,* con el extenso trabajo de Pichon Rivière, un artículo de André Breton y el libro *Ismos,* de Ramón Gómez de la Serna, en cuyo capítulo "Ducassismo" recreaba la historia del "'conde blasfematorio", como decía León Bloy. Insistí, indudablemente, en el ensayo de Pichon Rivière, y me ausenté por un problema con un detenido, en cuya causa intervenía.

Cuando volví, hallé la mesa-escritorio en desorden (papeles y libros amontonados de cualquier manera), y unas líneas escritas en mi vieja Remington:

Querido Juan-Jacobo: esperáme. vengo en media hora, olvidé una diligencia. me llevo para leer los

Poemas y antipoemas de Nicanor Parra.
Prepará el agua.

Buma

Acordate de lo de Girondo, era por hoy a la noche.
hay que llevar algo para Norah Lange.

Vino despúes de una hora. Traía un paquetito de bombones y una desmesurada sonrisa que imprimía un extraño dibujo en sus labios. Su padre le había dado más dinero del que esperaba, y no quería que yo gastara más de lo imprescindible.

No me dejó hablar. Puso los papeles y los libros en el *placard* de la derecha, se olvidó del agua que me había pedido y me tomó de la mano para salir cuanto antes.

Alejandra estaba fervorosa. Tomamos por Lavalle, nos detuvimos para ver algunas fotos exhibidas en los cines y dimos vuelta por Suipacha, rumbo a la casa de Oliverio.

Una luna de cartón, cruzada de extraños nubarrones, de flechas imprecisas sobre una lámina corrugada, seguía nuestros pasos. Era la luna que vio Antonin Artaud cuando gemía en Rodez, o la que vio Van Gogh cuando disputaba con Gauguin. Una luna imprecisa que sin embargo nos era propicia.

Llegamos a la casa de Oliverio, en la calle Suipacha 1444. Una empleada abrió la puerta, y esperamos un instante en el *hall*. Alejandra clavó su mirada en un descomunal *Espantapájaros* con chistera, que llevaba un monóculo y ostentaba tremenda pipa.

Ese engendro, le dije, fue transportado en una carroza funeraria de 6 caballos, al mando de cocheros y lacayos con librea. Fue en 1932, para promover la venta de *Espantapájaros,* el tercer libro de Oliverio Girondo, publicado ese año y ofrecido en un comercio de la calle Florida. Y así, en pocos días, se agotó su edición de 5000 ejemplares. El hecho fue consecuencia de una apuesta de Oliverio con sus amigos sobre la importancia de los medios publicitarios en la promoción de las letras. En ese instante llegó Norah Lange, quien ya estaba advertida por mí de la nueva visita. La presenté en seguida, y Alejandra, un tanto turbada, le ofreció a Norah los bombones que había comprado. Esta la abrazó y nos hizo pasar a un enorme *living* con una mesa circular en cuyo centro resplandecía una botella de whisky, varios vasos, una cubetera y un plato de maní.

Alrededor de la mesa se hallaban Oliverio Girondo, Aldo Pellegrini, el Chino Latorre y Edgar Bayley. Me anticipé a Norah y presente a Buma. Esta, un tanto temerosa (siempre era así ante los desconocidos), se limitó a dar su nombre completo: Flora Alejandra Pizarnik. Sólo tuvo un gesto de confianza con Pellegrini, a quien ya conocía por mis incursiones en *El Temple.*

Nos sentamos al lado de Oliverio y Norah. Alejandra dijo que prefería una gaseosa. Norah la hizo traer, y Oliverio prosiguió con la lectura que ellos había interrumpido con nuestra llegada.

Con voz monocorde, como si nos llegara de esa luna de cartón que nos había precedido, el autor de *Espantapájaros* leía sus poemas de *En la masmédula,* ya en impresión para Losada en la imprenta de Francisco A. Colombo (el libro se publicó en octubre de 1954, en edición restringida de 195 ejemplares, en formato grande).

Alejandra escuchaba absorta y me miraba cuando los incisos poéticos se llenaban de neologismos o imágenes inventadas. O bien de simbolismos como en "Nochetótem", que le daban al poema un tono trágico y aterrador:

> *las suburbanas sangres de la ausencia de remansos*
> *omóplatos*

29

> *las agrinsomnes dragas hambrientas*
> *del ahora en su limo de nada*
> *los idos pasos otros de la incorpórea*
> *ubicua también*
> *otra escarbando lo incierto*
> *que puede ser la muerte con su demente*
> *célibe muleta y es la noche*
>
> *y deserta.*

A la mirada de Alejandra respondía con otra mirada significativa, como diciéndole que ya le explicaría esa poesía en otro momento. Ella comprendió. Hizo un gesto inexpresivo y siguió la lectura de Oliverio. Los demás estaban imantados, pegados a la mesa. Edgar se servía el segundo whisky. Yo hice lo mismo.

Cuando terminó la lectura, Oliverio también tomó whisky, y nos preguntó qué nos parecía.

Yo hablé de una teogonía teratológica, sin dioses conocidos. De una teogonía del espanto en el que las imágenes se llenaban de erotismo, como podía verse en "Ante el sabor inmóvil", un poema que Oliverio leyó dos veces a mi pedido. En este poema, dije enfáticamente, está el *macrobarro,* la transmigración en la que creía Pitágoras, la *seminal yacencia,* las *marismas de pelvis* y el *excoito malentetando el asco* en un cráter cada vez más difuso.

Norah Lange cortó la exposición con un chiste que hizo reír a todos, incluso a Buma, quien ya se estaba integrando en la modalidad sin eufemismos del grupo. Fue el instante en que Aldo Pellegrini recordó que algunos de los poemas de *En la masmédula,* los había publicado el año anterior en su revista *Letra y Línea* (o sea en la entrega de noviembre de 1953).

Yo insistí con mi tema. Pasé al sentido esotérico y a los criptogramas de *En la masmédula,* y recordé esa otra criptografía de Dante en el canto VII del *Infierno:*

Papè Satàn, papè Satàn aleppe.

Oliverio quería que yo siguiera con mi exposición. Pero Norah siguió cortando mi juicio. Quería la opinión de Alejandra. Esta, muy tierna y sin experiencia todavía, hilvanó con dificultad una frase y expresó que la lectura de los poemas (se refería a su significación) le había dado la sensación de un río que se abría camino entre las rocas. Norah festejó esta interpretación. Aseguró que Oliverio se "reventaba de whisky", de whisky como un río cada vez que tomaba los papeles para escribir esos poemas.

Edgar seguía tomando whisky (iba por el cuarto), y el Chino Latorre, silencioso, releía los textos.

Era ya como la medianoche cuando Norah le obsequió a Alejandra uno de sus primeros libros de poesía: *El rumbo de la rosa*. La dedicatoria era simple, pero cálida: *"A Flora Alejandra, mi joven amiga"*. Norah tenía entonces 48 años.

Nos fuimos a las 2 de la madrugada hablando de poesía, y al llegar a Corrientes y Montevideo, nos metimos en *La Paz*. Yo llevaba un libro de Mondadori con una antología (en italiano) de Georg Trakl. Alejandra me pidió que la leyera y la informara sobre el poeta.

Lo hice, pero después me recriminé a mí mismo. Mi tendencia a lo trágico la violentaba, porque cada vez que hablábamos de la muerte o del suicidio de un poeta, Alejandra tenía angustiosas pesadillas. Perdía el sueño, y la "vieja rezongona" le decía que eso era consecuencia de sus "permanentes trasnochadas".

Esa noche le dije que Trakl se había suicidado a los 27 años con una fuerte dosis de cocaína. Agregué que había amado a su hermana Margarete, también suicida, y que en su autobiográfico *Ensueño y locura* (yo leía traduciendo en ese instante), Trakl hablaba de su padre, envejecido en una noche *("al reventar la noche el padre se volvió anciano")* y de su madre cuyo rostro se petrificaba en penumbrosos aposentos.

Trakl se castigaba en el recuerdo considerándose el hijo maldito de *una estirpe degenerada.*

Alejandra me pidió una traducción completa que yo prometí y no cumplí porque preveía el efecto sobre su ser, muy dado a la depresión y la melancolía. Las historias que yo (o alguien) le contaba, arraigaban en ella con profundas raíces. Se identificaba con esos hechos y los reiteraba en su imaginación hasta el cansancio. La consecuencia era el insomnio y el terror. Y además el rechazo ficticio de algo en lo que no quería creer, pero creía.

A las cuatro de la madrugada manifestó su deseo de quedarse a dormir en mi Estudio. Me opuse y pagué la consumición. Pensé en la "vieja rezongona", y como tenía dinero suficiente, paré el primer taxi que pasaba por la esquina del bar, y le indiqué al chofer la dirección de Avellaneda.

Alejandra me pidió el libro. Me opuse nuevamente. Le prometí la traducción para cuando estuviera más aliviado de trabajo. Ella comprendió mi negativa y no insistió. Yo la distraje con la receta de Tristán Tzara para obtener un *poema dadaísta:* tomar un fragmento de diario o de cualquier otra cosa, recortar sus palabras, echarlas en un sombrero, revolverlas, extraerlas y ordenarlas como van saliendo. Nada más sencillo.

Alejandra sonrió forzadamente.

Al llegar a Lambaré me dijo (solía decírmelo): "La vieja debe estar esperándome con un sermón".

La luna de cartón estaba ennegrecida. Los nubarrones la ocultaban por momentos, y a veces emergía con un ojo y una extraña mandíbula que Frazer o Mircea Eliade hubieran ajustado a enigmáticos rituales de la vida y la muerte.

LOS CAMINOS DE LA CREACIóN

> *Los caminos tortuosos, sin mejoras, son*
> *los propios del Genio.*
> William Blake: *Proverbs of Hell*, 66.

> *Penetré en un camino salpicado de*
> *pedernales; empinada cuesta se me*
> *ofreció después, lisa y fangosa.*
> Luciano: *La Tragodopodagra*,
> vv. 232-34.

> *El poeta es un exiliado que se halla a*
> *sí mismo cuando descubre las formas*
> *del olvido.*
> *El poeta y el exilio* (1990).

Entre Alejandra y yo el *tema literario* era fundamental. Su sensibilidad y su inteligencia me estimulaban a comportarme dogmáticamente como si estuviera en clase. Ella me lo observaba, y entonces cambiaba de tono. Pero ella también comprendía que ese estúpido dogmatismo tenía una finalidad: transmitirle la experiencia de los mejores escritores para no extraviarse en los caminos de la creación.

Un día discutimos acerca de esa célebre afirmación en la que Aristóteles define el arte como una *imitación de la naturaleza (e tekhné mímetai ten physin)*. No nos pusimos de acuerdo. Yo negaba lo que decía James Joyce cuando analizaba esta frase. Según él, Aristóteles habría querido decir que *el proceso artístico es igual al proceso natural*, y que en realidad no se hablaba de imitar a la naturaleza. Alejandra decía que yo me contradecía porque en otro momento le había dado la razón a Joyce. Intentó demostrármelo con mi *Literatura de vanguardia,* un *libro hablado,* con muchas falencias, tomado taquigráficamente de mis clases, libro éste del que Alejandra tenía dos ejemplares. Quise darle a entender que Joyce forzaba la definición de Aristóteles. No nos pusimos de acuerdo. Y para peor, pasando de un argumento a otro, comenzamos realmente a contradecirnos a nosotros mismos. Fue una batalla de malentendidos.

Alejandra se enojó, y al día siguiente, en que debía hacerlo, no concurrió a clase. Tampoco la vi una semana después. Comprendía que yo había estado muy mal, y que, incluso, quise imponerme porque sí, porque me consideraba "un sabio".

No esperé un día más. Me dirigí a su casa. Alejandra estaba sola, pero no quiso que me quedara. Salió conmigo y nos fuimos a un bar. Era muy temprano.

Allí, en la mesa, junto a la vidriera, nos miramos un instante como dos extraños. Habíamos perdido el habla o no nos atrevíamos a romper el silencio.

De pronto le tomé la mano. Su rostro muy serio, sus grandes ojos casi rígidos al salir de la casa, cambiaron repentinamente de matiz. Se humanizaron. Sonreímos los dos como si nada hubiera sucedido, y salimos del bar para meternos en un cine donde pasaban los *cortos* de Chaplín. No hubo reproches ni explicaciones. Ella estaba radiante y entusiasta.

Al terminar la función nos vinimos hacia Buenos Aires y comimos frugalmente en el Sindicato de Músicos. Después nos fuimos a *La Paz.* "Quiero publicar", me dijo Alejandra. Estas dos palabras se le habían vuelto obsesivas. Las reiteraba en todos los encuentros y me leía sus primeros poemas. Yo los releía y le observaba la falta de intensidad o algún otro defecto que yo mismo corregía. "Todavía no estás madura", le decía. "Falta creación".

Luego, para aplacar sus urgencias, le hablaba de su

sensibilidad, y de la certeza de que lograría una gran obra. Pero esto sólo sería posible cuando ella entendiera que los caminos de la creación exigían la identificación del ser con la escritura, y no la escritura en sí misma como demostración de una supuesta inteligencia. El poeta debe descender en la oscuridad, hurgarse en lo más profundo de sí para alcanzar sus imágenes.

Era imprescindible arrojar una escala hacia el abismo, tener conciencia del exilio en que vive el poeta para extraer esos fragmentos de luz que constituyen la poesía. Para poder ver, el poeta debe observar desde el otro lado del ser, desde el afuera, como diría Georges Bataille, o desde ese agujero desde el cual nosotros somos el agujero desde el que descendemos. Cuando Rimbaud dice *Yo es otro,* está descendiendo desde sí mismo y tiene conciencia del exilio. Más que volverse vidente por el *desarreglo de todos los sentidos,* como le escribía a Georges Izambard y Paul Demeny, lo que le interesaba era interpretar ese exilio a cuyo abismo había descendido y en el que vivía sin entenderlo.

Los caminos de la poesía son oscuros. Sólo se alcanzan cuando identificamos el yo con el abismo, y sólo cuando en ese abismo hallamos la luz.

Alejandra seguía mi exposición imaginando otros mundos. Otras cosmologías enloquecidas donde la vida y la muerte dejaban de ser contradictorias. Recuerdo, aun hoy, lo que me dijo ese día en *La Paz: "La muerte que sólo existe como necesidad de la vida, también es poesía".*

La miré fijamente y le dije: "Has creado un poema, un poema pesimista, pero un poema".

Ella respondió con su frase obsesiva: "Quiero publicar". Olvidé mi negativa y le prometí que le recomendaría a ciertos amigos. Pero también le dije que debíamos revisar todos los poemas escritos hasta ese instante.

Me urgió a que le dijera quiénes eran esos amigos. Entonces le anticipé el nombre de Arturo Cuadrado, a quien le hablaría en cuanto el libro estuviera terminado. Incluso, para tranquilizarla, le prometí que le pediría a Luis Seoane el mejor dibujo de su retrato para la obra. Alejandra me pidió precisiones sobre las ediciones de poesía que publicaba el "gran Arturo" (como yo lo nombraba). Eso me llevó a la historia de *Botella al Mar,* en cuyos ejemplares brillaban algunos integrantes de la nueva generación.

Ella quedó silenciosa. Vestida de blanco, como estaba ese día, con el rostro infantil y los labios gruesos, sensuales, se parecía a Emily Dickinson. Sólo había una diferencia. Mientras Emily se encerraba en su casa, prefiguración del Wakefield de Nathaniel Hawthorne, de donde no salió en 20 años, Alejandra vivía fuera de su casa para aturdirse. Pero no amaba el mundo como lo amó Emily. Más bien lo odiaba o lo identificaba con su madre.

Al revés de Emily que siempre tenía presente a su padre, el juez puritano Edward Dickinson, Alejandra raras veces mencionaba al suyo. Y cuando lo hacía, solía exaltarlo o minimizarlo como joyero. A su madre nunca la elogiaba a pesar de sus desvelos y de las reiteradas recomendaciones para no trasnochar. A Myriam la recordaba con respeto.

Alejandra le decía a su madre que salía conmigo, y ella, sin creerle, comenzaba a recriminarla en discusiones inacabables que terminaban con la amenaza de una fuga. Entonces callaba la madre, y todo volvía, lentamente, a su cauce, para encenderse otras veces en sucesivas recriminaciones. Era como el flujo y reflujo de las mareas. Excepción hecha de la poesía con la que comenzaba a batallar, el mundo, la madre incluida, le era indiferente. Y en esto seguía siendo Emily. Una mujer con otro mundo. Con un mundo alucinado al que siempre obedecía.

LA REYERTA

Es ladino el corazón
Pero el lenguaje no ayuda
Martín Fierro, 2ª 13-vv. 5-6.

El hombre es una caña, la más débil de
la naturaleza; pero es una caña pensan-
te (...); un vapor, una gota de agua es
suficiente para matarlo.
Pascal: *Pens.,* I,c.III,264

En la Escuela del Periodismo se me acusaba de parcialidad respecto de Alejandra. Américo Barrios recibía dos o tres quejas semanales de mi "afición por ella", como solían repetirle. Me acusaban de recomendarle a mis amigos escritores para determinados reportajes, "cuyos amigos", decían, "le redactaban el trabajo" en connivencia conmigo. Y también de que entre Alejandra y yo había una "manifiesta condescendencia delante de los demás".

El rector me mandaba llamar después de clase, y café por medio, me pedía "prudencia".

Yo le contestaba con firmeza. Le hablaba de la envidia que desataba su laboriosidad e inteligencia. Era la única que compraba y leía los textos que yo recomendaba, y la única que respondía en clase a los requerimientos más difíciles. Mi aprobación, por supuesto, era instantánea. Esto producía un desasosiego cuyo destinatario era el mismo Barrios.

Un día llegó a manos del rector un anónimo por correo que decía: "Vigile al Sr. Bajarlía, porque este profesor, la única literatura que conoce es besuquearse en las aulas con la Pizarnik".

37

Barrios, indignado, me mostró el papel que yo releí varias veces exigiendo una investigación y el sumario correspondiente. Barrios afirmó que expulsaría a todos sin excepción. Pero dos días después, para evitar el escándalo y la publicidad, dio por cancelado el asunto. Sólo tuvo un deseo: que Alejandra, en vez de sentarse adelante, lo hiciera en los últimos bancos para evitar los rumores.

Cuando esa noche le conté a Alejandra lo referente al anónimo y lo dispuesto por Barrios, fue tal su enojo que prometió abandonar el periodismo. Pero ella misma se rehizo. Sospechó que el anónimo provenía de "una tal Elvira" y juró vengarse.

Esta Elvira era una rosarina que siempre discutía con Alejandra, y que en dos ocasiones la vio entrar por Cerrito en día sábado. Sabía que allí tenía mi Estudio, y para peor, la misma Alejandra, sorprendida la primera vez, le dijo que venía a verme.

La sospecha tenía un fundamento, pero no era suficiente. Jurídicamente era indemostrable: *onus probandi incumbit ei qui dicet, non ei qui negat.* Si Elvira lo negara, ¿cómo se probaría?

Alejandra rechazó el aforismo jurídico que yo le expliqué. Insistió en Elvira y trató de acercarse a otras compañeras para obtener información. Fracasó como investigadora. Los dimes y diretes se hicieron inacabables.

Herida por tantas intrigas, se retrasaba adrede para entrar en el aula y justificar su nueva ubicación en la última fila. Yo, a mi vez, siguiendo los consejos del rector, trataba de no interrogarla en clase. Eramos como dos actores ajustados a la marcación del libreto.

Tal actitud se prolongó durante varias clases hasta que un día, cansada Alejandra de esta hipocresía, retomó su antiguo lugar en la primera fila y comenzó a intervenir activamente en clase.

Tales desafíos, sin embargo, le provocaban angustia y

repercutían en su respiración. El habla se le volvía entrecortada, con pausas más dilatadas. No era un tartajeo, pero quien no la conociera podía confundir esta consecuencia de su extremada sensibilidad con la tartamudez. Y en tal situación recurría a los analgésicos que yo le combatía a diario. Pero ella me lo ganaba en las discusiones porque aseguraba que le dolía la espalda.

Transcurrió un tiempo más o menos prolongado para ponerle fin a estos incidentes. Pero no fue muy fácil. Alejandra, muy discreta en el vestir, resolvió un día venir muy escotada para que la tal Elvira irrumpiera con otro anónimo al rector. Y para mayor desafío, entre mi pupitre y su asiento apenas había medio metro de distancia, de modo tal que su escote quedaba, literalmente, bajo el dominio de mi mirada.

Yo me hacía el desentendido y observaba la reacción de los demás. Algunas alumnas, en lenguaje mudo, mientras yo hablaba de André Breton o de las *cartas a los poderes* de Antonin Artaud, se tocaban con el codo y miraban hacia el escote. Alejandra que interpretaba la agresividad de este *lenguaje mudo,* sonreía e intervenía con una pregunta bien estudiada y oportuna. Era su venganza.

Temí por ella. Pensé, incluso, que ese día Elvira y Alejandra *se tirarían de las mechas* a la salida de la Escuela. Entonces, al terminar la clase, la retuve y salí con ella. No me equivoqué. Elvira y tres compañeras la esperaban en la esquina de Libertad y Diagonal Norte, el camino que siempre tomaba Alejandra para dirigirse a mi Estudio.

Al verme con ella me saludaron con displicencia, pero Alejandra debió soportar la furia de sus miradas. Me tomó del brazo y siguió conmigo hasta Corrientes. Las otras, posiblemente frustradas en lo que habían maquinado, tomaron otro rumbo.

Al llegar a Corrientes doblamos hacia Callao y nos metimos en el Royalty, donde me esperaba Kheos Kliger, un poeta del *Di Presse* que en esos días traducía al idisch el

Martín Fierro. Al enterarse de que los padres de Alejandra eran judíos (en realidad lo dedujo en seguida por el apellido), le habló en idisch, y ella le dijo que entendía el idioma, pero que no lo dominaba.

Kliger leyó en ese idioma algunos consejos del segundo hijo de Martín Fierro, contenidos en la segunda parte del poema. Era una lectura pausada y rítmica de la que nada entendí, pero que gustó mucho a Alejandra. Kliger, entusiasmado, leyó, a su vez, el original castellano y nos reveló la dificultad que había tenido en hallar en idisch la palabra exacta que no traicionara el texto de Hernández. Decía, entre otras cosas, que él, por ejemplo, jamás diría *pizzicando la mandola,* como lo hacía el traductor al italiano para dar la equivalencia de *al compás de la vigüela.* Porque *pizzicare* significaba *pinchar* y no *al compás.* Ya llevaba mucho tiempo en esa traducción, y esperaba culminar con ella su labor de poeta.

Por él supimos que otro poeta judío, Manuel Grumber, muy amigo de Jorge Luis Borges, quiso realizar una versión semejante. Pero no pasó del tercer verso. "El *Martín Fierro* ha tentado a más de uno", expresó Kliger, "pero es muy difícil de traducir en verso su lenguaje peculiar".

Repetimos el café, citamos a Bartolomé Mitre y al conde de Cheste como traductores de la *Divina Comedia,* y terminamos con un ofrecimiento de Kliger: que le diéramos algo nuestro para traducirlo al idisch en una antología que estaba preparando. Se lo prometimos en el último sorbo de café cuando las estrellas, cansadas ya de tantos sueños, se dispersaban hacia el oscuro mundo del enigma.

LA RUTA SE FRAGMENTA

> *Cuando mi organismo advirtió que
> escribir era la orientación más fecunda
> de mi ser, todo se dirigió hacia esa
> meta, y fueron abandonadas todas las
> demás capacidades.*
>
> Kafka: *Diarios,* 1912.

> *Confiese si le sería preciso morir en el
> supuesto que escribir le estuviera ve-
> dado.*
>
> Rilke: *Cartas a un joven poeta*
> (la del 17.II.1903).

Los sábados por la mañana no faltábamos al *Jockey Club*
de Florida y Viamonte. Allí también solía venir Aldo
Pellegrini, quien entonces firmaba con el seudónimo de
Rodolfo Este, y allí le presenté al pintor surrealista Juan
Batlle Planas, quien ya trabajaba para la escenografía de
La Esfinge, un misterio dramático (mi primera obra teatral)
que yo había escrito, inspirado en Alejandra. En ese lugar
también le "presenté" por segunda vez a César Rosales,
periodista de *La Nación,* a Ludovico Rosenthal, traductor de
Freud, y a David J. Vogelman, quien ya, en 1954, se
preocupaba por el *Zen* y el *I Ching.*

Batlle Planas se sentó junto a nosotros. Le gustaba la
ciencia ficción y no hacía otra cosa que hablarnos de
Bradbury. El tema de *La Esfinge* llegó al final. Pero la
presencia de Alejandra me impidió explicarle que la Esfinge
y Filoxena, personajes del misterio dramático, transcribían
su enigmático carácter, la manera de ser de una Alejandra
que ni ella misma se entendía.

Alejandra, no muy segura en su búsqueda de la creación, aprovechó ese momento para decirle a Batlle Planas que le gustaría concurrir a su *atelier* para estudiar pintura. El fijó las condiciones de la futura labor. Pero Alejandra muy anárquica y muy inconstante en aquel entonces, sólo concurrió unas pocas veces y abandonó las tintas. Recuerdo lo que me dijo el pintor delante de ella otro sábado en el mismo bar: "A esta nena hay que comprarle papel para escribir sobre los sueños. Confunde los pinceles con los lápices".

Alejandra aceptó la diatriba y sonrió. Era su manera peculiar de responder en esos casos. Yo la defendí insistiendo en su vocación por la poesía. Ella volvió a sonreír y se encerró en su mutismo. Pellegrini, presente ese sábado, expresó que las palabras eran la otra forma de la pintura, y que ambas, las tintas y las palabras, incluían la poesía. Batlle Planas que era un gran *cargador,* como decimos los argentinos, nos mandó a todos a "visitar" a Salomón, en la esperanza de que zanjara en "un nuevo pleito de la criatura".

Reímos todos hasta que entró Alberto Girri, quien entonces vivía en la calle Viamonte, a pocos metros del *Jockey Club.* Saludó y se sentó en la mesa contigua para esperar, como solía hacerlo, a H. A. Murena.

"Cuidado", murmuró Aldo Pellegrini mirando a Girri, "no hablemos de poesía".

Yo propuse que habláramos de las sutilezas de Molly Bloom, el personaje del *monólogo interior* de Joyce, que el día anterior habíamos estudiado con Alejandra. Esto la estimuló y, para sorpresa de todos, contrapropuso el tema de los compañeros de Ulises convertidos en cerdos por la maga Circe.

Batlle Planas no se quedó corto. Opinó que el bar era un prostíbulo "lleno de puercos", un "chiquero anarquizado". En ese instante entró el poeta Ricardo E. Molinari buscando a Sigfrido Radaelli, a quien llamaba *el queso trabado",* acaso por su forma no muy fluida de hablar. Batlle Planas le contestó que él se dedicaba al *queso gruyere* con agujeros profundos. Molinari, sonriendo, quiso decir algo y se contuvo.

Media hora después Alejandra, como asumiendo su defensa dijo que más le interesaba el dibujo que la pintura. Batlle Planas la miró sin responder y llamó al mozo para pedirle una *Hesperidina* con un platito de maní que agotó Pellegrini diciendo que eran muy buenos para los órganos de la reproducción.

Ese sábado me fui con Alejandra al *Edelweiss,* donde almorzamos con un plato de salpicón y otro de tallarines que dividíamos para poder ir al cine. Pero no lo hicimos. Nos fuimos al Estudio para matear. Allí me mostró uno de sus poemas, no publicados luego. Le critiqué la puntuación y los adverbios, y especialmente el uso de las mayúsculas. Reconocí, sin embargo, a pesar de los "comos", que ese poema cuyo título era *Mil dedos de esperanza,* tenía tres versos hermosos donde asomaba la poesía:

> *Temblé como las uñas*
> *que surgen de los muertos!*
> *Viré como el náufrago*
> *que devora su tabla!*
> *Gemí como una sirena*
> *enredada en un submarino!*

Ella escuchó mis observaciones y prometió estudiar los modelos que le proponía, especialmente los del grupo de *Arte Concreto-Invención,* en el que estaban Edgar Bayley, Juan Carlos Lamadrid (quien a veces firmaba como *Simón Contreras*), Raúl Gustavo Aguirre y yo. De ese grupo, que luego contó con otros poetas, se habían separado Carmelo Ardén Quin y Gyula Kósice para crear el grupo *Madí* y el grupo *Madí Nemsor,* ganados y absorbidos finalmente por el primero de ellos con sus esculturas hidrocinéticas, hoy aplaudidas en todo el mundo.

Recaímos en el problema de la imagen en poesía, de la necesidad de crear valores emocionales por la yuxtaposición de términos antitéticos.

El mate iba y venía. Estuvimos 4 horas hablando de poesía. No faltaron Malcolm de Chazal, que yo traducía en esos días, ni los ya estudiados como Paul Eluard y André Breton. Alejandra quiso llevarse mi traducción para "repasar" el francés, y me pidió le dedicara el siguiente poema cuyas imágenes le habían impactado:

El ruido se hace crocante
y deja sus dientes
en las teclas del piano.

Vimos en Chazal al Oliverio Girondo de los *Veinte poemas para ser leídos en el tranvía.* Incluso los ultraístas, generados por Vicente Huidobro en Madrid a partir de *Ecuatorial y Poemas árticos,* publicados allí en 1918. No sabíamos, sin embargo, quién había precedido a quién, ni era tampoco el momento de andar a la búsqueda de fechas, aunque para mí, Vicente Huidobro tenía prelación sobre los demás.

Como Alejandra quería llevarse la traducción para "repasar" el francés, le encargué, asimismo, la traducción de *La unión libre,* aquel poema de André Breton en el que éste, mediante cierto procedimiento barroco, modificaba la imagen del sexo de verso en verso. Breton, por otra parte, figuraba con todos los honores en dos bolillas de mi programa de la Escuela del Periodismo, junto a los tres *Manifiestos* del surrealismo.

Alejandra se anticipaba siempre a sus condiscípulas. De ahí su intervención permanente en clase y de las acusaciones de favoritismo de que yo era objeto ante el rector.

Estas acusaciones también se repitieron durante el rectorado de José Gabriel. Pero todo eso, como decía Quevedo, nos dejaba impertérritos. El mundo existía a partir de nosotros. Lo demás nos tenía sin cuidado.

Es posible que fuéramos *patafísicos,* en el sentido de Alfred Jarry, cuyo Doctor Faustroll defendía la *solución de las ciencias imaginarias,* idea que impactó en Salvador Dalí para robarle la Gala a Paul Eluard y crear la *paranoia crítica.*

Nosotros éramos el mundo, la *voluntad como representación.* Schopenhauer, Nietzsche y todos los iconoclastas juntos. Podíamos decir, en cualquier momento, *extrema se tangunt.* Los extremos se tocan.

Alejandra, a los 18 años, era una mujer madura. Su precocidad la igualaba con las más experimentadas. Excluyendo los instantes de depresión y los miedos que la asaltaban, los instantes de contradicción entre el miedo a morir y el amor por la muerte, se comportaba fervorosamente cuando se sabía el centro de la admiración.

A veces, un sólo detalle la exaltaba: hallar un poeta que no había leído, como sucedió un día en la librería de don Calixto Perlado, en la calle Corrientes, en frente de lo que ahora es el Teatro General San Martín. Habíamos "descubierto" el *Panegírico* al duque de Lerma y las *Soledades,* de Góngora. Le obsequié el libro y quedó iluminada. Reaccionó de su mutismo y olvidó sus miedos. Don Calixto que me conocía, coronó esa compra obsequiándonos con un café en los fondos de la librería, donde también se hallaba el actor Guillermo Bataglia, quien siempre concurría a las tertulias que se improvisaban en ese lugar.

La lectura de Góngora la deslumbró, y durante varios días buscamos un ejemplar que tuviera su retrato. Lo hallamos en una edición de Aguilar, y después de arrancarlo, sobre la misma página, escribí a máquina esta leyenda: *Padre Omnipotente del vanguardismo.*

Alejandra lo rodeó de una guarda celeste y lo pusimos en la estantería del Estudio, al lado de una reproducción de *La Esfinge*, de Gustave Maureau. (Yo solía decirle a Alejandra que ella era la Esfinge, porque nunca estaba seguro de sus reacciones.)

II. EL DESENLACE

LOS SENDEROS SE BIFURCAN

Mientras la historia sigue un curso más
o menos normal, todo acontecimiento
aparece como una indiscreción del
devenir. Apenas cambia la cadencia, el
insignificante pretexto adquiere la
magnitud de un signo.

E. M. Cioran: *El fin de la historia*
(*Contra la historia,* Tusquets, 1980)

En los primeros días de 1955 me fui a Chile. Alejandra quiso venir conmigo, pero la madre se opuso. Le prometí, en cambio, escribirle permanentemente. En una de esas cartas le adjuntaba el reportaje que me había hecho en Santiago el diario *Las Ultimas Noticias* del 19 de enero. Alejandra subrayó en el recorte lo que yo le expresaba de la poesía:

"Yo entiendo por barroquismo la *exaltación del objeto,* de manera que éste se convierta en el hecho poético y en el hecho que lo trasciende poéticamente para dar la imagen en movimiento, *desideratum* de toda poesía, desde Lewis Carroll y Apollinaire a nuestros días.

"—¿Cuáles serían estos ejemplos barrocos?

"—Podríamos citar las *Alturas de Macchu Picchu,* de Neruda, el *Libro de Margarita,* de Juvencio Valle, y los *Defítropos,* de Antonio de Undurraga. Al lado de estas obras, el gran poeta que hace la revolución de la nueva expresión poética en la poesía castellana en 1917: Vicente Huidobro con *Altazor.*"

Alejandra subrayó también en este reportaje, la respuesta siguiente:

"Considero que el crítico nunca debe ser personal sino

exclusivamente objetivo. Para llegar a esta objetividad, al margen de todo sentimentalismo, es imprescindible hacer crítica como ensayo, es decir, enfocar la obra literaria con un planteo estético de manera tal que de su sistema de filosofía surja la valoración de la obra en análisis. De este modo se evita el comentario y el compromiso que significa la amistad y las reacciones glandulares".

Días después recibí estas líneas:

Buenos Aires, 28 de enero de 1955.

Querido Jean-Jacques:
Me gustó el reportaje, pero traeme el Altazor de Huidobro, quiero estudiarlo a fondo. Estoy terminando mis poemas y leo también a Olga Orozco. No siendo esto que te digo, no hay nada que me interese. Faltás vos para seguir peleándonos. Venite pronto y cuidate de las chilenas.
Un beso.

Buma

Desde Santiago yo le enviaba a Alejandra noticias sobre los escritores chilenos. Le detallaba mis encuentros con Juvencio Valle en la Biblioteca Nacional, con Pablo Neruda en la Isla Negra, y mis charlas con el grupo vanguardista de la revista *Mandrágora*, cuyos impulsores principales eran Braulio Arenas y Enrique Gómez Correa. En uno de estos ejemplares, Volodia Teitelboim había publicado el plagio literal de Neruda a Rabindranath Tagore. (En la actualidad, Teitelboim, olvidado ya de su etapa polémica, es un ilustre defensor de Neruda.)

En otra carta le hablé de Albertina Azócar, la musa del poema *Farewell* y de los *Veinte poemas de amor y una canción desesperada*, de Neruda, convertida ahora en la matrona, ya con *guata,* de Angel Crucha Santa María, a cuya casa iba yo con Juvencio Valle para obtener algunas cartas de Huidobro que el chileno tenía en su archivo. Mi correspondencia con Alejandra se recibía en casa de Antonio de Undurraga, el poeta de *Red en el génesis,* los *Defítropos* y una biografía de *Pezoa Véliz.* Undurraga pertencía al cuerpo diplomático de Chile, y era el hombre que más se dedicaba a difundir la poesía chilena. Junto con él fuimos los primeros en reivindicar a Vicente Huidobro, tratando de destruir la leyenda negra urdida en Madrid por Guillermo de Torre y el mediocre guatemalteco Enrique Gómez Carrillo. El *Reverdobro* de la injusta leyenda lo convertimos en *Torredobro,* devolviéndole la mala fe al crítico español.

Algo de todo esto se lo detallé a Cruchaga Santa María, pero mis palabras caían en un pozo ciego o en el tonel de las Danaides. Los chilenos, con voceros desaprensivos como Torres Rioseco y el grupo de Neruda, adherían a la leyenda negra contra Huidobro, tratando de destruirle su prelación en la imagen y el vanguardismo. Los conspiradores de Chile no conocían el otro lado del espejo. No habían pasado de Perrault o los hermanos Grimm. No sucedía lo mismo con los más jóvenes como Gedomil Goic, Hugo Montes, Miguel Arteche y Antonio Anguita, quienes ya tenían conciencia de los valores universales de Huidobro. O de Luis Durand, que algo tenía que ver con la revista *Atenea,* en cuyas páginas, por su mediación, escribí sobre el poeta de *Horizon carré,* ese libro en cuyo *liminar* se oponía a lo anecdótico y descriptivo.

Cruchaga Santa María tenía muchas cartas de Huidobro, que pudo haber publicado cuando se debatía el invento de "antedatación" de *El espejo de agua.* Yo lo recriminé delante de Juvencio Valle. Pero en ese instante más le interesaban las *cañas* que la verdad. Los viejos de Santiago, absorbidos por el poeta de las *Residencias,* habían perdido su entereza. Pero Huidobro los perdonaba. Sabía que eran unos pobres *inventores de bufandas para pájaros.*

O como decía Gerard de Nerval: *conductores de piedritas de colores.* No esos colosos que llevaron sobre sus hombros las moles gigantescas que levantaron las pirámides para decirles a los humanos que ellos jamás desaparecerían. Alejandra me pedía calma con estas noticias. Temía de algún *cogotero* de la literatura. De esos francotiradores que se agazapan en los diarios para disparar su veneno. Yo no podía olvidar lo que el mismo Huidobro me había dicho en Buenos Aires, de paso para Chile, en 1945, al término de la Segunda Guerra Mundial: "Mi poesía, en Chile, está en función del dinero. Cuando les niego un préstamo, que nunca devuelven, me rebajan a la calidad de impostor". De esta manera le tejieron a Huidobro una alfombra voladora con más historias que las contenidas en las *Mil y una noches.*

Los *inventores de bufandas para pájaros* eran legión. A eso se debió que el eje Huidobro-Vallejo, lo más grande de la poesía de aquella época, anduviera en las incógnitas o sólo brillara parcialmente en el segundo nombre de la fórmula. Se defendía el análisis de Mariátegui sobre Vallejo. Pero se adhería a los infundios propalados por de Torre en sus *Literaturas europeas de vanguardia.* A los chilenos les costaba digerir aquella afirmación de Huidobro en *Horizon carré,* según la cual el poeta debía *hacer un Poema como la naturaleza hace un Arbol,* siguiendo las vías de la invención y no las de la imitación aristotélica: *nada de anecdótico ni descriptivo.* No le perdonaban que esto lo hubiera dicho en 1917, cuando Reverdy no hacía otra cosa que seguir el pensamiento de Paul Dermés.

En casa del novelista Mariano Latorre (creo que también estaba Araya), buscando algo de Augusto D'Almar entre los libros que tenía en el piso como ladrillos de un orbe fantástico, reconoció mi indignación. Agregó que los chilenos no se avenían a reconocer rápidamente "las grandes promesas". Los buenos autores debían padecer largos años en el purgatorio de la maledicencia para acceder, primero al limbo del anonimato, y después al paraíso, donde sólo Dios se ocupaba del recién llegado.

Indudablemente, era el mundo de los *defecadores de tintitis*. El planeta de los *roedores de la gloria,* fiebre endémica de la que no se salvaban ni los argentinos. Un contagio universal tan temido como el SIDA. Si Tristán Tzara nos hubiera conocido, habría concebido un nuevo *Antipyrine* para una aventura de los círculos infernales. Una aventura negra y no celeste.

En Chile, afirmaba Mariano Latorre, nadie escapa al purgatorio. Todos bombardean desde cualquier ángulo. Pablo de Rokha bombardea a Neruda. Neruda a Vicente Huidobro. Mafud Massís a los de *Mandrágora*. Los de *Mandrágora* a los seguidores de Véliz, los Castro a los nerudianos. Los vanguardistas a los tradicionalistas y *huasistas.* Los *runrunitas* a los clásicos. Los hongos a las callampas. Los *todos* contra los otros. No se salva ni el *Tetragramaton.* De la jerigonza al papiamento sólo faltaba el *freezer* o el *computer* de bolsillo. O bien ese mundo de *Tlön* imaginado por Borges, cuyos habitantes hablaban un lenguaje en el que no existían los verbos.

En mi correspondencia con Alejandra le hablaba de un tal *Alone,* un crítico que por aquella época aterrorizó a los escritores, muy amigo de las historias hormonales de la literatura. Imbuido por la endocrinología de Gregorio Marañón, le había dado por interpretar la escritura desde un punto de vista personal. Pero no desde la perspectiva de sus valores específicos. Su lema debió ser aquel estribillo de Góngora que decía: *"Ande yo caliente / y ríase la gente".* O bien el de François Villon en la *Balada de la Gorda Margot: "en este quilombo que es nuestro Estado".* Le hubiera hecho muy bien la lectura de los *Apuntes del subsuelo,* de Dostoievski.

Alejandra se reía y reiteraba que me cuidara en los reportajes o en mis conversaciones con los escritores chilenos. Me pedía menos ironía y menos "veneno". Yo le respondía que era estricto, y que los jóvenes escritores estaban de acuerdo con mis juicios.

Por otra parte, ¿cómo ser cauto ante la revista *Polémica* (una revista del tamaño de una cajetilla de cigarrillos) dirigida por Mahfud Massís y Julio Tagle, desde cuyas páginas liliputienses, por obra de los Rokha, se atacaba lo mejor de la literatura chilena? Hubiera sido un suicidio muy poco elegante, que en ningún momento iba a tolerar. Además, yo era un ardido disidente, un iconoclasta en estado puro, y no iba a permitir a los *vociferantes de bufandas*. O de *bolsillo,* si utilizáramos un término bélico.

Juvencio Valle también hablaba de cordura. Pero en la Isla Negra, echado Neruda sobre una poltrona, se olvidaba de su equilibrio y adhería, silencioso, a los ataques que ensayaban sus admiradores de las *Residencias*. Allí, sí, era la Torre de Babel. Una mítica *zigurat*. Ningún código era válido. El primero en caer era Vicente Huidobro, el *"dueño de la poesía universal"*, como decían con sorna los amigos de Neruda. El segundo era el argentino Oliverio Girondo, a quien trataban de *"burgués enriquecido"*. Alguno, por el gusto de molestar, atacaba a Ercilla, a quien tildaban de fraude y parcialidad.

Neruda los miraba. Oía los bocinazos y urdía, mentalmente, un poema "capitanesco" para Matilde Urrutia. La jauría le era propicia para imaginar otros mundos. Otros barcos crujientes y hundidos. Otros navíos desvencijados que avanzaban por su sangre. El clima le era propicio para entrar en estado de paragnosia y alcanzar otros símbolos.

Los demás, entre vino y vino, desparramados por los laterales, besaban a sus parejas de turno. A las que en ese momento estuvieran festejando un verso o el cuento erótico intencionado. Todo era lícito en el gran salón de la Isla Negra.

Otros recitaban extraños poemas que desenrrollaban de

largas tiras como de papel higiénico. Nadie estaba pendiente de nadie. Se cumplía el estribillo de Villon a su Margot inmortal: *"en este quilombo que es nuestro Estado"*.

Neruda me fue presentado por Juvencio. Conocía las habladurías de Guillermo de Torre contra el poeta de *Altazor*. Pero no se atrevía a emitir un juicio. Si tenía algún agravio personal (y los tenía, indudablemente) trataba de ocultarlos. En ese sentido era todo un "diplomático", aunque luego, en el momento de escribir, olvidara sus reservas para expresarse con excesiva virulencia. O bien con deliberada ironía en la que el ataque pasaba a primer plano. Sus dotes de creador no le iban en zaga a sus flechas araucanas.

Juvencio ya le había advertido de mi interés por Huidobro. Esto lo puso en guardia. Me saludó cordialmente, como si nos conociéramos de toda la vida, y sólo se limitó a decir (lo estoy oyendo) que *la verdad era una e indivisible,* y que valía la pena luchar por ella. Asentí con un *"es cierto"* y me replegué en mí mismo. Pero alcancé a decir que los humanos solían dividirla para falsearla.

Neruda era como un dios para los chilenos, y la Isla Negra, el templo en el que era imprescindible el ritual iniciático para merecer el título de poeta o escritor. No iniciarse en la Isla Negra con ese dios de por medio impartiendo la bendición, significaba el abismo y una larga batalla para el reconocimiento. Era estar en el infierno o caer en el purgatorio. No pasar por la Isla Negra y la mirada cordial de Neruda, era, entonces, la negación del cielo.

De uno de esos concurrentes a la Isla Negra, un poeta con ganas para publicar su primer libro, escuché estas palabras que pintan la admiración y los dictados de Neruda: "lo voy a publicar si lo aprueba Pablo, y si así lo hace, le voy a pedir unas líneas". De esa manera pensaba consagrarse el joven poeta, olvidando que la poesía no nace de un espaldarazo caballeresco, sino del genio creador que la pueda aprehender.

Los únicos que no pasaban por el templo nerudiano, eran los de la revista *Mandrágora,* en cuyo primer número (diciembre de 1938), dirigido por Braulio Arenas, Teófilo Cid y Enrique Gómez Correa, había trabajos de Vicente Huidobro, Alfred Jarry, Jorge Cáceres y Hölderlin. También se transcribía una curiosa Loa de Pedro Calderón de la Barca. Tenía un *acróstico* interior, *María sin pecado,* con la adjudicación de colores a las letras, que le daba al poeta español una prelación de 200 años sobre el *Soneto de las vocales* de Rimbaud.

En ese primer número Braulio Arenas hablaba de la necesidad de la libertad y el sueño. De las soluciones poéticas por el delirio, el automatismo y el azar. André Breton y el surrealismo presidían su pensamiento.

Se comentaban, además, el *Sátiro* de Vicente Huidobro, el *Cours naturel* de Paul Eluard, y *L'amour fou* de André Breton. Se injuriaba a Juvencio Valle, enviado en ese momento a España por la *Alianza de Intelectuales.*

El número 4 de *Mandrágora* fue una bomba, un estallido que siempre persiguió al poeta de la Isla Negra a pesar de su explicación *perifrásica.* Aquí se lo nombra como *Don Neftalí Reyes Cordero (alias Pablo Neruda),* y en la página 2 se lo satiriza con estas palabras:

> *"De la parte trasera de los pantalones del autor de 'Los Veinte Poemas de Tagore y un Sabat Ercasty desesperado' salía un fetidísimo olor a gato encerrado.*
> *Las viejas se desmayaban, los matones atacaban y nosotros nos reíamos".*

En la página 5, bajo un título insultante, se publicaban, en columnas paralelas, el Poema 30 de *El jardinero* (1917), de Rabindranath Tagore, y el Poema 16 de los *Veinte poemas de amor y una canción desesperada* (Nascimento, 1924) de

Neruda. Las transcripciones estaban precedidas por esta frase:

"Este plagio fue descubierto por Volodia Teitelboim, actual Director de la revista 'Qué hubo'".

Neruda se defenderá mucho después diciendo que su Poema 16 era una perífrasis del Poema 30 de Tagore. Nada de esto había dicho en las ediciones anteriores del libro.

En este número 4 explosivo, Vicente Huidobro se sumaba con esta frase:

"La Alianza de Intelectuales es el Ejército de Salvación de los cretinos y las cretinas que quieren salvarse salvando la mierda".

No se salvaba ni Angel Cruchaga Santa María, de quien la revista, bajo el título de *Adivinanza* expresaba:

"¿Quién será un cierto cónsul poeta que deja al pasar un fuerte olor a cadáver?
El angelito Cruchaga dice que él no siente tal olor.
Claro. Ningún cadáver se huele ni huele a sus semejantes. Sería atroz un cementerio lleno de estornudos subterráneos."

El número 6 declaraba la adhesión del grupo Mandrágora a la Revolución de Octubre. Es una brevísima requisitoria contra el fascismo y "el hocico hidrófobo de Hitler".

En mis cartas a Buma le resumía todas las revistas literarias de Chile. Lo hacía desordenadamente y me detenía en algunos datos que pudieran interesar a nuestras letras. Pero el tema central de mis cartas era la arbitrariedad de Neruda y el tema de los plagios de Guillermo de Torre a Vicente Huidobro. (Este último tema lo retomé años después en el número 3 de *Taller de Letras,* 1973, revista del Instituto de Letras de la Universidad Católica de Chile. Llevaba el siguiente título: *Orígenes creacionistas del ultraísmo: Los plagios de Guillermo de Torre*. Documentaba los plagios literales e ideológicos de éste al poeta de *Altazor*.) Buma se divertía. Admiraba a los poetas polémicos tuvieran o no la razón de su agresividad. Creía que el apasionamiento indicaba el grado de fervor y validez de la vocación. Lo discutíamos. Pero tanto ella como yo participábamos del carácter polémico.

Nos agradaban los surrealistas porque se insultaban entre ellos sin ningún miramiento. Nos fascinaban, en este sentido, Antonin Artaud y André Breton. Pero de todos los surrealistas, Artaud fue su más grande polemista. Lleno de ideas creadoras, estaba, como Miguel de Unamuno, *contra esto y aquello*.

Los surrealistas chilenos (y también los argentinos) siguieron esta línea: la de la contradicción y el insulto. El que colocaba el banderín con más precisión, ganaba la batalla.

Braulio Arenas era violento por aquel entonces. Tan polemista como Pablo de Rokha, con la diferencia de que este último era capaz de provocar un desastre si no adherían a sus lucubraciones. De esta índole no se salvaba ni el mismo Neruda. Quien no le rendía pleitesía, caía en desgracia. Pasaba a ser el sujeto de una anécdota donde su enemigo quedaba en ridículo.

EL SUEÑO DE LA MONTAÑA
Y LA MUERTE

*Ya saben lo inconstante que es esa clase
de sueño. Se cae repentinamente en un
abismo y luego se regresa a un mundo
que te parece demasiado profundo para
que penetre en él ningún sonido como
no sea el de las trompetas del Juicio
Final.*

Joseph Conrad:
The Warrior's Soul, 1925.

*Pero cuando yo muera de vida y no de
tiempo, cuando lleguen a 2 mis 2 ma-
letas.*

César Vallejo: *Poemas humanos*
(Presses Modernes, 1939).

Volví de Chile con un montón de libros. Traje el *Altazor,*
las *Residencias* y la *Araucana* para Alejandra, radiante ya
con sus 19 años. Mi Estudio, cuya llave manejaba Alejandra,
resplandecía con algunos dibujos en las estanterías, al lado
de libros de literatura y de derecho penal.

Un día se nos hizo muy tarde y resolvimos dormir en
el piso, con una lona de más de 2 metros de largo que yo
guardaba para esas ocasiones en uno de los placares.

Eran como las 4 de la madrugada cuando, repentinamente, me despertaron los gemidos de Alejandra. Esta,
debatiéndose entre la asfixia y la taquicardia, lloriqueando,
sólo atinaba a decir: "¡Me muero, me muero!".

Me levanté como una espiral que se desata y busqué,

desesperadamente, las fenaspirinas y el saridón. No hallé el remedio, y no sabiendo qué hacer, abrí la puerta, tal como estaba yo en ese instante, y descalzo subí las escaleras hasta el piso 9 para llamar a la puerta de Juan Zwed, el encargado polaco del edificio, totalmente desierto en esos momentos.

El Polaco, enterado de lo que sucedía, despertó a su mujer y bajó con nosotros. Alejandra, sentada en una silla se oprimía el pecho y lloraba. Seguía la taquicardia y la falta de respiración. Pensé que era el fin y comencé a trasudar como si el enfermo fuera yo.

La mujer del Polaco le tomó la temperatura. Alejandra, despatarrada, temblaba y se cubría de gruesas gotas de sudor. La mujer de Zwed, acostumbrada a estos contratiempos, no halló fiebre, pero volvió a su departamento para regresar con una alginodia y un vaso de leche fría con miel. Dijo que esto le haría bien. Y así fue. Este extraño medicamento que le dictaba la experiencia, la tranquilizó.

El Polaco y su mujer estuvieron media hora con nosotros para estudiar las reacciones de Alejandra, arropada en ese instante con mi saco, porque sentía frío a pesar del día caluroso. Después se fueron, con la recomendación de que no dejáramos de llamarlos en caso de que pudiera sobrevenir algún otro inconveniente.

Ya más tranquila, Alejandra sonrió, y yo recordé otro aforismo de Hipócrates: *enfermedad con risa, no es enfermedad.*

"Tuve un sueño", dijo Alejandra, al que luego adjudiqué los efectos padecidos por ella.

Alejandra había soñado que se hallaba en una montaña, rodeada de un laberinto de laderas por donde debía descender hacia tierra. Buscaba inútilmente la salida. Se enredaba en las laderas y se angustiaba. No hallaba el camino que condujera a la base. Marchar por una de ellas significaba el ascenso y el miedo, el espacio inmenso y devorador, incluso el terror de precipitarse y rodar por las aristas

60

coléricas de la montaña. Buscando la salida vio de pronto a un ser extraño, tocado con una capucha, que la miraba y reía a carcajadas. "Los que suben aquí —le dijo— sólo bajan cuando yo lo ordeno". Huyó, tomó por otras laderas. Pero el monstruo le daba alcance. La interceptaba por donde fuera, y la salida a tierra se hacía cada vez más lejana y terrorífica. Repentinamente, para eludirlo, dio un salto hacia el vacío y cayó mientras la capucha del monstruo, sólo la capucha, se precipitaba sobre su cuerpo. En ese instante despertó con la falta de respiración y la taquicardia.

Alejandra agregó otras variantes. Ciertos detalles no muy precisos. Incluso el hecho de que la voz del monstruo se había transferido a la capucha para hablar en clave o en idiomas que no entendía. Este detalle aumentaba su angustia durante el sueño. El terror se hacía más insoportable. Las voces pretendían decirle algo referido a un peligro. Eran las amenazas que partían desde su cavidad.

Yo minimicé el sueño. Dije que era una vulgar pesadilla, muy común en los seres sensibles o excesivamente nerviosos. Me puse en pedante y le recordé una obra de Pirandello donde también aparecían los fantasmas de la montaña. Todo me pareció lícito para distraerla. Le hablé de *La montaña mágica,* de Tomas Mann, y de la *Montaña del Juramento* en la que Semiaxas, el ángel rebelde, se juramenta con los otros ángeles para destruir los poderes de Dios y acabar devorándose a sí mismo. De ahí al libro apócrifo de *Enoc,* sólo mediaron unos segundos de lamentable erudición.

Tuve la sensación de que en vez de distraerla, le facilitaba, a pesar de mi esfuerzo, algún pensamiento negativo. Y así fue. Me respondió que consultaría al psicoanalista por esa clase de sueños. Tenía continuas pesadillas. Pero nunca como la que tuvo ese día, con una fatiga que, aunque mitigada, no se le iba del todo. Era una respiración lenta, casi forzada que tan pronto se equilibraba como en seguida se volvía dificultosa. Algo inédito en todo lo que le sucedía por su nerviosismo.

Estuve de acuerdo en que consultar a un médico era lo más apropiado. Le propuse a nuestro amigo Aldo Pellegrini o al mismo Pichon Rivière, a quien podríamos importunarlo en *El Temple* ese día por la noche.

Alejandra permaneció silenciosa. Después se derrumbó en la depresión. Me miraba inexpresiva como si fuera una estampa. O como si en ese instante fuera Emma Bovary ante su indiferente marido.

Fui a la cocina para brindarle un té porque en ese momento seguía sintiendo frío. No quiso que lo preparara, y me rogó la llevara a su casa. Temía por el estado en que se hallaba. Su imaginación avanzaba. Se llenaba de fantasmas. De temores que la hacían temblar. Comprendí. Una noche como ésa imponía la necesidad de ciertas precauciones que era preciso arbitrar.

Era más de las 5 de la madrugada cuando tomamos un taxi en Cerrito y Diagonal Norte. Íbamos como dos extraños. Sin habla, sin señales de vida, como dos seres entre los *arcos viudos a heredar,* como diría César Vallejo.

Sólo me animé a una frase intencionada, a poco trecho de la casa de Alejandra, cuando el taxi rodaba a gran velocidad sobre Avellaneda. No respondió. Sonrió con la sonrisa de Mona Lisa. Leonardo Da Vinci se había perdido su segunda oportunidad.

Ya en la puerta de su casa, pareció recobrarse y murmuró: "Mañana en *Verbum* a las 7".

Verbum era la librería de Paulino González, en la calle Viamonte, entre San Martín y Reconquista enfrente de la Facultad de Filosofía y Letras, donde a veces lo veíamos hurgando títulos a Jorge Luis Borges, aquejado entonces de dos distintas coloraciones en los ojos. Por ahí también se le veía a Girri y, alguna vez, a Vicente Barbieri.

Yo, lo mismo que en *Galatea,* tenía crédito en *Verbum,*

62

del que Alejandra también aprovechaba para llevarse algún libro.

Verbum era el lugar de reunión elegido por Alejandra cuando padecía esas crisis que yo llamaba de *reversibilidad*. Esas crisis en que el mundo le era indiferente o la simple enunciación de un conjuro que había pedido el hacedor de milagros. En esas crisis le asaltaban los miedos y se interrogaba sobre la muerte que yo negaba para reanimarla. Afirmaba que era un invento del romanticismo o una ocurrencia de Gargantúa. Ella me escuchaba sin contradecirme. Mis palabras se las llevaba el viento o se diluían bajo la luz de la luna en las noches en que, ya muy tarde, nos demorábamos en algún banco de la Plaza San Martín.

De la muerte al suicidio había poco trecho, o no había ninguno. Entonces se llenaba de *porqués*. ¿Por qué se suicidó Alfonsina Storni? ¿Por qué se suicidaron Horacio Quiroga y Leopoldo Lugones? ¿Por qué se suicidó Gerard de Narval? Cuando le decía que estaban enfermos, para eludir su reacción, sonreía como si expresara que no era cierto. Yo conocía la codificación de sus variadas sonrisas.

En tanto, trataba de ser parco. De hilvanar delicadamente mis intenciones. Es verdad, argumentaba yo, que la enfermedad no impide la profundidad del pensamiento. Pero este pensamiento lleva la oscuridad de un designio que interfiere o acompaña un impulso inconsciente.

Cuando ella se atrevió a opinar, dijo, sencillamente, que mi argumento era válido en caso de locura. Pero que no todos los suicidios obedecían a la oscuridad de un designio.

Quise entender a Buma, pero cambió de tema. Me hallaba ante un ser que siempre se debatía entre el fervor y la depresión. ¿Era esto la *ciclotimia*? Su sueño de la montaña, ¿no estaba teñido de esta caracterología? Hubiera estudiado psicología para desentrañar el enigma. Pero estaba atrapado ante su sensibilidad y la sutileza de sus reacciones. Ante la forma rápida de rehacerse en los peores momentos.

La noche en que tocamos ese tema nos detuvimos, al partir, ante la estatua ecuestre de San Martín, y dije yo: "La duda *mató* a San Martín en Guayaquil". Y Buma, reaccionando (lo recuerdo como si la conversación fuera en este instante), recogiendo mis palabras, expresó: "La duda también mata".

El tema de la muerte era reiterativo entre nosotros. Surgía en cualquier instante. Era endémico. Habitaba en nuestro cuerpo como un vampiro chino. El hallazgo de *El sentimiento trágico de la vida,* de Miguel de Unamuno, nos llevó, en cierta ocasión, a una suerte de pseudofilosofía. El libro nos lo había vendido Paulino González. Alejandra, en ese entonces, estaba de buen humor. No tenía el rostro de la Esfinge ni el rictus apesadumbrado. Los juicios caían cristalinos sobre alguna risotada que nos servía de inconoclastia momentánea contra el ilustre español.

Estuvimos arbitrariamente de acuerdo en que la muerte era un delirio líquido del que se servía Unamuno para conciliar el sueño o arrojarlo como bálsamo sobre ese costado donde tanto le *dolía España*. Una especie de calambre sin el cual no podía vivir.

Sacarle la muerte a Unamuno era como darle en el ombligo o emascularle su virilidad. Se le había convertido en su segunda naturaleza, como en esas razas primitivas tan detalladas por Frazer en la *Rama dorada*. El líquido de la muerte mezclado con el sueño, se le convertía en un *martini seco* o en un *elixir* de John Donne. En el *Biothanatos* de la ebriedad como drogadicción.

Tomábamos café y nos reíamos diciendo que eran sorbos de *biothanotofilia donneana* preparada por Unamuno. Por el dolorido *costado hispánico* del prócer. Yo dictaba mis *premáticas,* y Alejandra, desplegada como nunca, agregaba alguna obscenidad contenida o algún juego verbal de fino erotismo. Los sentidos resbalaban como acróbatas.

¡Pobre Unamuno! Nos sirvió para descargar el inconsciente. Para vernos, como Alicia, detrás del espejo, cazando al vuelo las sonrisas del gato de Cheshire. O para vernos en el espejo poniéndonos del revés.

En esa borrachera de fervor, Alejandra arrancó una página de *El sentimiento trágico de la vida* que guardó en una cartera de mano que solía llevar para las reuniones. Era la página en la que Unamuno refería la heroicidad como dimensión ineludible del hombre.

Mutilar un libro nos pareció una herejía. Pero la edición, llena de erratas, nos pareció, asimismo, como una falta de respeto a su autor, y convinimos en buscar otra más cuidada y con un estudio o algún prólogo esclarecedor. Entendíamos que era un deber que el editor no debía eludir.

Esa página tuvo su historia efímera. Fue como una luz caída en el abismo. Una chispa de Prometeo devorado por los buitres. Alejandra dijo que la iba a enmarcar. No la vi nunca más. No supe qué hizo de ella. Es posible que ahora esté en un basural. O que el viento la haya arrastrado, incomprensible, hacia esas vidas que no saben por qué existen o por qué han venido codificadas por el dolor.

Cuando Alejandra guarda esa página, está en el otro extremo de su ambivalencia. Quiere creer lo que dice, meterse con un barreno lo que decimos. Pero, en lo más profundo, toma esto por un juego. Por una humorada intrascendente o por un enigma de Yehudá Ibn al-Leví, el poeta sefardita que jugaba a las adivinanzas a pesar de sus poemas sobre la divinidad. O como Gabirol que también hacía lo mismo y caía en el éxtasis.

Alejandra era la duplicidad. Quería vivir. Pero también le atraía el aniquilamiento. De ahí su *caracterología de vaivén*. Le atraía Ouspensky y el esoterismo. A veces se interrogaba sobre sus vidas anteriores. Yo me burlaba diciéndole que era la reencarnación de una sacerdotisa druida o de la pitonisa de Endor, aquella que evocó el espíritu de Samuel cuando el rey Saúl lo interrogó sobre la batalla a librar en Gelboé contra los filisteos. Ella se comparaba con Dido o con George Sand. La abnegación y el furor. Repetía su última lectura y asumía ese papel. Era un Proteo en cuerpo de mujer.

En esas conversaciones sobre esoterismo que tanto le agradaban, yo mencionaba a Balzac, su *Serafita* reversible, sus íncubos y súcubos. De ahí derivaba al *Malleus maleficarum* del siglo XV, y a las extrañas observaciones de los inquisidores que lo redactaron, respecto de esos íncubos que yacían entre marido y mujer asumiendo simultáneamente ambas formas para poseer a la pareja. Excesos de Institor y Spranger para arrojar a las supuestas brujas en la hoguera. O esos otros análisis en los que solía admitirse que las endemoniadas volaban al *sabbat* montadas en una escoba. Cuando llegaban al aquelarre, se entregaban a la *misa negra,* donde una *iniciada* era poseída por el Diablo después de un ritual con una palmatoria sobre su espalda, colocada ésta totalmente desnuda, en "cuatro patas".

Alejandra se extasiaba con estas descripciones que confluían, por lo general, en el tema de la muerte. Entonces, se acordaba de las coplas de Jorge Manrique, y recitaba entre dientes: *"Recuerde al alma dormida / (...) / cómo se viene la muerte / tan callando".*

Ese era el momento en que yo desviaba el tema por temor a que Alejandra se pasara al extremo sombrío de su ambivalencia. Lo lograba apenas con alguna humorada. Pero ella insistía en que ciertas lecturas la deprimían. Maupassant a veces. O *La casa del juez,* de Bram Stoker, que yo le había regalado con otros cuentos contenidos en una antología. Expresaba, por ejemplo, que el protagonista, por una estúpida audacia, había elegido una muerte por ahorcamiento en una casa maldita, cuyo fin no era, posiblemente, el que ambicionaba. La muerte, decía, *debía ser una opción.* Algo a elegir, pero nunca una imposición *desde afuera,* como sucedía en el cuento de Bram Stoker.

66

Le recordé, o le repetí, para cortar la introspección, que Enrique Heine, en el instante de morir, había pedido alegremente un escarbadiente. Incluso lo que dijo el conde de Cheste al referirse al Alighieri en el momento de morir. Nos reímos. Las palabras caían como vidrios de color que cruzaban formando un arco iris sobre unos pensamientos extraídos de dispares intenciones. La risa la confortaba a Buma. Y en algunos casos actuaba yo como un cómico para impedir el estado de *deflacción* en que ella se reiteraba. Era una fórmula que me daba resultado. Pero ella advertía mis trampas y las aceptaba porque también se conocía a sí misma en el juego ambivalente de su ser.

Estas disquisiciones eran inacabables. Terminaban a la madrugada en el *Royalty* o en *La Paz*. Luego, el camino de siempre. Mi Estudio o el taxi rodando hacia Avellaneda cuando las estrellas se apagaban y los gallos encendían la necesidad del nuevo día.

LA POESIA EMERGE DE
LAS TINIEBLAS

> *Lo que importa respecto de la poesía es
> el placer que proporciona por trágico
> que sea. Lo que importa es el movimien-
> to eterno que está detrás de ella, la
> vasta corriente subterránea de dolor,
> locura, pretensión, exaltación o igno-
> rancia por modesta que sea la intención
> del poema.*
>
> Dylan Thomas:
> *Manifiesto poético* (1951).

De acuerdo con lo convenido nos vimos en *Verbum*.
Vestía un "traje sastre" de color verde como sus ojos, en una
de cuyas solapas lucía un distintivo. Algo así como el
oriflama de Roldán en Roncesvalles. Tenía menos acné. Su
rostro, moreno como el trigo, me recordó la dama de los
sonetos de Shakespeare. Se lo dije y sonrió.

González nos ofreció unos libros que adquirí por no
contradecirlo: *Carne de cañón,* de Elías Castelnuevo, y *El
hombre es bueno,* de Leonhard Frank. El crédito facilitaba
la adquisición y la voracidad por la lectura. Todos ellos
pasaron al dominio de Alejandra, con la promesa nunca
cumplida de que los traería en cuanto los leyera.

Nos metimos luego en *Galatea,* donde Goldschmidt,
socio de Gattegno, nos vendió *Van Gogh le suicidé de la
societé,* de Antonin Artaud. Quise eludir este libro por la
referencia al suicidio, y hasta le hice un gesto de rechazo
a Goldschmidt. Pero éste no me interpretó. Alejandra,
fascinada, insistió en la adquisición, y lo primero que me dijo
fue que lo íbamos a traducir.

No pude negarme, porque Artaud era uno de mis autores preferidos y tema de mis clases en la Escuela del Periodismo. No quería recaer en esas conversaciones que tanto le agradaban a ella. Alejandra comprendió y contestó con una nueva sonrisa.

Yo entendía el lenguaje de esas sonrisas. Eran pausas para retomar el impulso en cualquier momento. Podía transcurrir una hora, un día o una semana. Pero ella se retrotraía al momento inicial de la sonrisa para retomar el asunto que había quedado pendiente en su ánimo.

Eso me sucedió cuando le hablé una vez más de las *Quimeras,* de Gerard de Nerval. De su terrible *El desdichado* y de su epitafio de la muerte, aquel en que alguien golpea a la puerta y es la misma Muerte que viene a buscarlo. La sonrisa inicial, forzada o nerviosa, se concretó una semana después de un diálogo que sobrevoló todas las barreras de la imaginación.

Alejandra se conocía y me conocía. Por eso me tranquilizó cuando Goldschmidt nos envolvió el *Van Gogh* que también pasó a mi cuenta de crédito. En algún momento podría producirse la tormenta. Era una posibilidad en potencia.

Para Buma, como para Yeats en sus *Siete proposiciones,* la realidad era el espíritu, mientras el hombre y la materia constituían la irrealidad.

Yo temía siempre su ataque de *reversibilidad.*

Ese día, sin embargo, estaba exultante. Nos fuimos a cenar al *Edelweiss.* Pedimos nuestro acostumbrado salpicón y un plato de pejerrey a la romana. Completamos el menú con un cuarto de vino. Ella sólo pidió agua fresca.

Traía los poemas para su primer libro. Habíamos acordado que los leeríamos en el Estudio y que yo se los pasaría a Cuadrado para su publicación.

Cenamos rápidamente y nos fuimos. Era las 11 de la noche. El edificio, por falta de energía en la zona, estaba sumido en la oscuridad. Ascendimos por la escalera alumbrándonos por sucesivos fósforos hasta llegar al piso 7.

Ya en la oficina, casi a tientas, busqué el paquete de velas que siempre tenía para esa emergencia. Encendí 4 con el último fósforo que nos quedaba: 3 velas rodeaban los originales. La cuarta, a un costado del escritorio, iluminaba el rostro de Alejandra en la apariencia de una luna en cuarto creciente.

No habíamos previsto ese inconveniente. Pero la poesía no necesita de oropeles o comodidad. Vive en el fervor y las tinieblas. En los espacios orbitales o en el abismo. Sólo exige una cosa: la chispa que la encienda. Si el poeta, donde quiera esté, tiene el impulso de Prometeo, puede tener esta chispa para dar vida a sus imágenes.

El rostro redondo de Alejandra, sus ojos verdes y sus labios gruesos, sensuales, inclinados sobre los originales mientras la luz de la vela la transfiguraba en una luna en cuarto creciente, tenían en ese instante un ímpetu extraño para debatir el enigma de la poesía.

Me pidió que no la interrumpiera. Que no interviniera hasta completar la lectura de cada poema. Y así lo hicimos. Opté por tomar nota de las palabras que disonaban en cada poema, para analizarlos y discutirlos al final.

La luz difundida por las velas ejercían sobre la escena el aspecto de un pacto al que eran convocados los dioses de otras galaxias. La débil luz profundizaba nuestras ojeras y se convertía en el agua de un ritual en el que se bañaban las imágenes. Los dioses se apretujaban contra el silencio y danzaban en las palabras para encender la poesía.

De 45 poemas para ese primer libro, quedaron 28. Los descartados eran demasiado fragmentarios, sin desarrollo poético en algunos casos. No sucedía lo mismo con los que iban a integrar la obra bajo la denominación de *un Signo en tu sombra,* en los que se destacaban "Voy cayendo" y "Sólo un amor". En la segunda parte podía observarse el deseo

teñido de angustia ("Cielo") y los barcos que alimentan el
desamor y la lejanía ("Irme en un barco negro" y "Lejanía").
O bien la fuga hacia otros mundos en busca de un paraíso
perdido en la tierra.

La temática de la primera parte también estaba signada
por la melancolía, como podía observarse en "Reminiscencias":

> *y el tiempo estranguló mi estrella*
> *(...)*
> *la sombra del sol tritura la esfinge*
> *de mi estrella*
> *las promesas se coagulan.*

O en "Reminiscencias quirománticas", donde examinaba
las líneas de la mano, en lucha contra

> *los viles ataúdes que esgrime el fracaso.*

En "Un boleto objetivo" nos hablaba de su *destripada
aurora.* Y en su autobiográfico "Yo soy", decía:

> *mi vida?*
> *vacío bien pensado*
> *mi cuerpo?*
> *un tajo en la silla*

Todo era angustioso con algunos relámpagos de optimismo. Pero Alejandra estaba allí con sus fugas. Con la vida
y la muerte que no dejaban de ser el mero juego de un
fantasma que la visitaba a plena vigilia o la aterrorizaba
durante el sueño cuando la respiración se le entrecortaba
por el asma.

Era ella en todas sus líneas, con un lirismo carcomido
por la tragedia. El Jano de dos caras, cuyo verdadero rostro
era el del rictus doloroso.

Discutimos uno a uno todos los poemas, y aceptó mis correcciones. Nos pusimos de acuerdo para eliminar las mayúsculas y la puntuación, modalidad que habíamos incorporado con el *invencionsimo,* como podía verse en los cuadernos de *Invención 1* o *Invención 2* (Kósice y Bayley) y en los dos primeros libros del movimiento: *En común* (1949, Bayley) y *Estereopoemas* (1950, Bajarlía).

La luz de las velas declinaba. Devoraba el tiempo como una extraña deidad. Nos quedaba una sola cuando subí al piso 9 para pedirle un refuerzo al Polaco, quien me facilitó 2 velas. Temíamos quedarnos totalmente a oscuras, sin dar fin al trabajo de corrección.

Alejandra, por encima del contenido de sus poemas, estaba feliz. Meterse en la poesía la arrancaba del entorno y le eliminaba su *reversibilidad.*

Al encendido de la última vela discutimos el título del libro. Primero propuso *Reminiscencias,* pero ella misma lo rechazó por varios otros títulos, uno de los cuales fue *La tierra reminiscente.* Este título me retrotrajo al *sueño de la montaña* que Alejandra había tenido en el Estudio. Se lo recordé sin eludir ningún detalle, y convinimos en que el título definitivo sería el de *La tierra más ajena,* esa tierra que ella, en el sueño, no podía alcanzar, mientras se perdía en un laberinto de laderas, para caer luego en el vacío.

En realidad, esa era la significación de los poemas: una tierra ajena, sólo habitada por un deseo incumplido o por un amor que se agotaba o partía en los extraños barcos del tiempo.

También le propuse que firmara como *Alejandra Pizarnik* y no como *Flora Alejandra Pizarnik.* El criptoantisemitismo de la última etapa peronista, alentada por los germanófilos, amenazaba con un estallido. Barajé, también, un seudónimo: *María Pisserno,* como yo mismo la llamaba cuando hablábamos por teléfono. Aceptó, sin embargo, el primero de los nombres, sin el *Flora,* aunque luego no cumplió la promesa.

73

Quedaba ya un centímetro de vela. Descendimos los 7 pisos llevando la débil bujía, casi un pabilo, sobre la tapa dura de un código que tomé al azar de la mesa-escritorio. El edificio estaba desierto. Era como una cripta donde no llegaba el ruido de la calle, ni aun zumbaba una mosca. Bajábamos palpando como ciegos, acaso como Orfeo cuando se introdujo en los infiernos para rescatar a Eurídice. Alejandra iba pegada a mi como una estampilla porque en algún momento desfallecía el pabilo y nos quedábamos en tinieblas, próximos a dar un paso en falso y rodar escaleras abajo.

Ya en la calle, buscamos un bar y fuimos a dar en *La Giralda,* de Corrientes. La luz fue el encuentro con el fervor. La creación de los tiempos bíblicos, cuando Jehová rasgó el caos para que el hombre viviera.

Alejandra sacó los papeles y volvimos a su lectura. Esta vez fuimos más precisos. Algunas palabras de las que quedaban, desaparecieron. Pero la poesía también estaba en esa búsqueda. En ese esfuerzo por saber cuál era la expresión más estricta. Flaubert podía ser nuestro modelo. O bien John Donne cuando hablaba de la "alta noche" y de la luz que era preciso extraer para no extraviarse.

Nota

Poemas de María Pisserno

De la lectura de los poemas en esa madrugada, quedaron entre mis papeles varios poemas de Alejandra firmados con el seudónimo de *María Pisserno.*

Habíamos quedado en corregirlos para ver la posibilidad de publicarlos, pero pasaron al olvido. El seudónimo que era muy pegadizo, le había gustado cuando lo discutimos. Lo desechó, sin embargo, por temor a perder su identidad. No

74

me dijo que fuera por esto. Pocos son los que a los 18 años
aceptan otro nombre que no sea el suyo. Alejandra no era
una excepción. Por otra parte, se trataba de las letras y no
de la cinematografía.

Estos poemas olvidados son cinco en total. Uno de ellos
va con su firma manuscrita y la fecha del año abreviada:
954, por 1954. Lleva el título de *humo* y comienza así:

> *marcos rosados en callado hueso*
> *agitan un cocktail humeante*

Los cuatro restantes llevan la firma escrita a máquina.
El poema *reminiscencias* (casi todos van en minúsculas)
comienza con este pesimismo:

> *y el tiempo estranguló mi estrella*
> *cuatro números giran insidiosos*
> *ennegreciendo las confituras*
> *y el tiempo estranguló mi estrella*
> *caminaba trillada sobre pozo oscuro*

Son, indudablemente, los primeros poemas, en los que
acaso puede faltar la poesía. Pero son valiosos porque ya
podemos observar en ellos su tendencia al aniquilamiento
y su incesante descenso en sí misma. Y junto con esto el
problema de la identidad del ser que la perseguirá a lo largo
de toda su obra. Así, en *Días contra el ensueño,* otro de esos
poemas, nos dice: *llegar a mi último pelo marrón.*

Alejandra se buscaba a sí misma. O como diría Jacobo
Fijman en "Molino", de *Molino rojo* (1926): *Ahora vivo detrás
de mí mismo.* Era ya la "desdichada" de Gérard de Nerval,
la "inconsolada" con su estrella muerta. O como ella dice en
el verso transcripto: *y el tiempo estranguló mi estrella.*

Buenos o malos los primeros poemas (o el primer libro
que uno excluye del currículum, como sucede a veces),

constituyen la levadura que andando el tiempo podrá corregirse, pero servirán al estudio de su evolución y eficacia. Bien o mal expresados, en esos poemas estará un autor que no podemos negar. El mérito no es exclusivo de quien comienza con una obra extraordinaria, sino también del que habiéndose iniciado débilmente, alcanza su grandeza. No hay demérito en el mal comienzo, no siendo cuando esto sucede en el final de la creación.

De izquierda a derecha las hermanas Myriam y
Alejandra Pizarnik de 5 y 3 años respectivamente.

De izquierda a derecha Alejandra Pizarnik, de 17 años,
su madre Rejzla (Rosa) y Myriam, de 19 años, hermana
de Alejandra.

Buenos Aires, 28 de enero de 1955

Querido Jean-Jacques:

Me gustó el reportaje, pero traeme
al altazor de Huidobro, quiero estudiarlo
a fondo. Estoy terminando mis poemas y leo
también a Olga Orozco. No siendo esto que
te digo, no hay nada que me interese. Faltás vos para seguir peleándonos. Venite
pronto y cuidate de las chilenas.

un beso.

Buma

Querido Juan-Jacobo: esperame, vengo
en media hora, olvidé una diligencia. Me
llevo para leerlos poemas y y antipoemas
de Nicanor Parra.

Prepará el agua

Buma

Acordate de lo de Girondo, era por hoy
a la noche. hay que llevar algo para Norah Lange.

Alejandra solía escribir sus esquelas en el primer
papel que hallaba a mano.

Buenos Aires, 28 de enero de 1955

Querido Jean-Jacques:

Me gustó el reportaje, pero traeme
el _altazor_ de Huidobro, quiero estudiarlo
a fondo. Estoy terminando más poemas y leo
también a Olga Orozco. No siendo esto que
te digo, no hay nada que me interese. Faltás vos para seguir peleándonos. Venite
pronto y cuídate de las chilenas.

Un beso.

Julio del 55.

Amadísima Buma-Florcita-Alejandra-María Pisserno
y todos tus inmortales alias:

La labor sobre James Joyce está referida a lo
que el autor del Ulises pensaba sobre el arte en función de Santo Tomás de Aquino. No te olvidés que se
trata de su primera época. Lo tenés todo en El retrato del artista adolescente. Consultá mi libro.

Luego hay que analizar la idea del Ulises en
el Portrait (en inglés y en castellano en el primer
placard): "salgo a buscar la conciencia increada de
mi raza". (Id. en Lit. de vang., que ya la leíste mil
veces).

Al desarrollar el arg. y al hablar del
estilo (como se te ocurra), ver q. puntos de contacto Puede haber con la obra
de Proust. Y así, en Joyce, las palabras
o frases simultáneas, los neologismos,
el automatismo, el monólogo interior de
Molly Bloom, y si hay conexión con la
Odisea.

Todo esto lo tenés en mi Lit. de v. No es tan difícil.
Sólo requiere un poco de trabajo. No te olvidés de las
heroínas de Guy de Maupassant.

Recordá que a Joyce no le interesaban los estilos tradicionales. Se hacía pie en la crítica, aunque
los críticos, aun redivivos, se llamaran Shakespeare,
Máspero o Renan , o el mismo infla pelotas de Rabelais.
Por eso se dio el lujo de llevar el Ulises a sus últimas
consecuencias con el Work in Progress o Finnegan's Wake.

Tampoco le importa la multitud, porque como él
mismo se lo dijo a Silvia Beach, en París, "la multitud soy yo". Don Quijote lo hubiera mandado a combatir
contra los carneros, pero Joyce es la revolución en el
lenguaje, el nuevo Nebrija cuya Gramática esperaban los
escritores de vanguardia.

Jean-Jacques Bajarlía

Juan-Jacobo Bajarlía en 1955

Mil dedos de esperanzas

Fué como una mano.
Sentí estrellar, esmeraldas,
pero no contesté.
Verde. Verde. Oh milagro verde!
Mundo verde. Corazón verde.
Verbena de verdes,
torneo de olas,
concurso de enigmas.
Sí. Fué como una mano.
Quise gritar, pero surgió un ave.
Lloraba y mis ojos hacían aire.
He de decir porqué!
He de decir que llegué!
Fué simplemente como una mano.
Jugaba con mi voz, arpa lluviosa.
Mil risas daban vuelta las páginas,
pero mi corazón no reía. ¡No!
Temblé como las uñas que surjen de los muertos!
Viré como el náufrago que devora su tabla!
Gemí como una sirena enredada a un submarino!
Sí! Como una mano! Como una mano!

                                   Flora Alejandra Pizarnik

Poema inédito de la primera época de Alejandra.

Por María Pisserno
(seud. de Alejandra Pizarnik)

humo

mirdos rosados en callado hueso
agitan un cocktail humeante
miles de calorías desaparecén
ante la repicante austeridad
de los humos vistos de atrás
dos manos de trébol roto
casi enredan los dientes separados
y castigan las oscuras encías
bajo ruidos recibidos al segundo
los pelos ríen moviendo
las huellas de varios marcianos
cognac bordeaux amarillento
rasca retretes sanguíneos
tres voces fonean tres besos
para m í para tí para mí
pescar la calandria eufórica
en chapas latosas
ascendente faenal

maría Pisserno
1954

Poema inédito de Alejandra, firmado con el seudónimo de
María Pisserno.

reminiscencias

y el tiempo estranguló mi estrella
cuatro números giran insidiosos
ennegreciendo las confituras
y el tiempo estranguló mi estrella
caminaba trillada sobre pozo oscuro
los brillos lloraban a mis verdores
y yo miraba y yo miraba
y el tiempo estranguló mi estrella
recordar tres rugidos de
tiernas montañas y radios oscuras
dos copas amarillas
dos gargantas raspadas
dos besos comunicantes de la visión de
                una existencia a otra existencia
dos promesas gimientes de tremendas
                locuacidades lejanas
dos promesas de no ser de sí ser de no ser
dos sueños jugando la ronda del sino en
                derredor de un cosmos de
                champagne amarillo blanquecino
dos miradas cerciorando la avidez de una
                estrella chiquita
y el tiempo estranguló mi estrella
sones de nenúfares ardientes
desconectan mis futuras sombras
un vaho desconcertante rellena
                mi soleado rincón
la sombra del sol tritura la
                esfinge de mi estrella
las promesas se coagulan
frente al signo de estrellas estranguladas
y el tiempo estranguló mi estrella
pero su esencia existirá
en mi intemporal interior
brilla esencia de mi estrella!

María Pisserno .1954.

Poema de Alejandra, firmado con el seudónimo de
María Pisserno, también inédito.

Bajarlía, Edgar Bayley, Alfredo Hlito,
integrantes del Movimiento de Arte
Concreto- Invención.

EPILOGO DE "ARIADNA"

Escena única ..

Hipólito, de espaldas al telón, frente al público.
El proscenio está semi oscuro.

HIPOLITO

Yo soy Hipólito, el insensible, el ser de piedra.
Yo soy hipólito, el que rueda bajo la niebla
cuando el mundo exalta sus cráteres de fuego
y arroja sus arcos al vacío.
Crecí al sopor de un sueño que devoraba sus imágenes
y quedé fuera del tiempo,
flotando en la noche como una señal,
como una mano cortada,
con sus dedos de sangre vibrando en las agujas,
acaso como los hilos que cuelgan de la luna
y filtran su tósigo en los abismos.

Venía desde la niebla,
        desde la noche imprevisible
cuando la razón seca su llanto en las láminas del
        viento,
y traía la voz que se quebraba en los cristales,
buscando el corazón de Ariadna,
el agua pura de sus ojos,
la fragancia que se alimentaba en sus palabras.
Pero yo era la piedra imprecisa
que anudaba sus venas,
la mano de ceniza que deshace el impulso,
la niebla que todo lo desgarra en el frío lienzo
        que envuelve los caminos.

Ariadna era mi corazón.
Su recuerdo se encrespaba en las dunas del desierto
cuando el viento avanzaba calculando las arenas.
Yo era su hijo, fuera del tiempo,
        Hipólito de piedra y de angustia
que sólo halló el silencio,
los labios que sellaban las palabras,
porque el pudor de Ariadna,
tejido en los ojos de los ángeles,

Final de Ariadna, una tragedia que Bajarlía dedicó a
Alejandra, en 1955.

LA ESFINGE, de Juan-Jacobo Bajarlía

> Todo se hizo en la eternidad. Entonces, ¿cómo puede tener fin lo que nunca ha comenzado?
>
> La Esfinge

Según la **Hypnerotomachia populi** (II, 58), la Esfinge tenía un rostro con dos bocas. Por su segunda boca, apenas perceptible, formulaba los enigmas y petrificaba a los seres y las cosas. Su nombre, entonces, era el de **Bh'm-a,** que quiere decir mujer leonada en cuya voz todo se endurece.

J.-J. B.

C O M E N T A R I O

Esta obra corta en extensión, densa en significado y prieta en contenido, de Juan-Jacobo Bajarlía, es una fehaciente prueba de la nota nueva de las artes de ahora. Donde lo viejo y lo nuevo se amalgaman.

Siendo como es un Misterio Dramático; que así era el Teatro en sus albores, plantea un verdadero problema de pensador y de filósofo; que sólo así se justifica una obra de arte.

Es el Don Juan —no el mentido por una sociedad en pleno crepúsculo— sino un Don Juan de carne y hueso asediado, encarcelado en su propia impotencia.

Filoxena... es la mujer de todos los tiempos... cuya defensa está en su propia naturaleza, de darse y no darse, de Esfinge y de mujer —resuelto de una sola manera, no cabe otra— en el misterio. En el misterio que es la vida, que es el hombre, que es el propio Universo.

BERNARDO GRAIVER

Texto del programa impreso para La Esfinge, de Bajarlía. Obsérvese la grafía del nombre Bh'm-a.

Alejandra tomada del brazo de Bajarlía en el estreno de "La Esfinge" en el Teatro Mariano Moreno, el 12 de octubre de 1955. Los demás integrantes del elenco, son, de izquierda a derecha, Danny Redians, Celina H. Uralde, Bernardo Graiver, S. Sabando, Arsenio Martínez Gavé (Martínez Allende) y Luis Chazarreta.

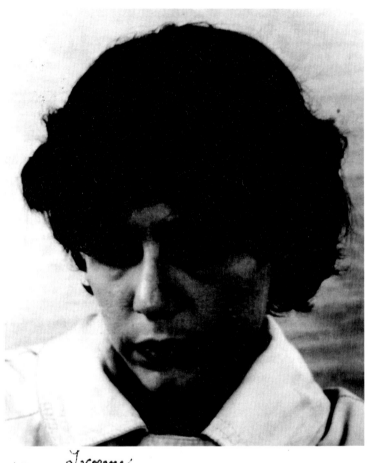

para Ivonne
con talante, albedrío
y Trascendencia.
de su poeta preferido.
Alejandro.

Bañistas: Alejandra con Ivonne Bordelois en Miramar 8-1-1965.

Foto delante de un cuadro: Alejandra Pizarnik, 1965.
Foto gentileza Sara Facio.

La Revolución.
LOS EXTRAÑOS BARCOS
DEL TIEMPO

> *Les parfums, les couleurs et les sons se répondent.*
>> Baudelaire: *Correspondances*
>> (*Les fleurs du mal,* 1857).

> *Entonces sentí a la Señora Memoria*
> *Responder y meter en su armario*
> *A sus especies colaterales.*
>> François Villon: *Les lais*
>> (XXXVI, 54, vv. 8-9-5).

> *Los escritores replegados en sí mismos*
> *y que se limitan a ellos mismos, tienen*
> *una fuerza de la que carecen los más*
> *universales y de mayor mentalidad.*
>> Virginia Woolf: *Women and*
>> *Writing* (1925).

Me encontré con Arturo Cuadrado en la calle Florida cuando iba a *Botella al mar* para interesarlo sobre el libro de Alejandra. Lo invité a tomar un café en el *Richmond* de la misma calle, entre Lavalle y Corrientes. Allí le hablé de Buma, de su sensibilidad y de la madurez que ya se observaba en sus primeros poemas. Lo puse al tanto de sus lecturas y de los amigos importantes que ya comenzaban a distinguirla. Más que su currículum, tracé su radiografía y su tenacidad de los 19 años. No dejé nada por decirle. Yo quería que le publicaran, y nada mejor que su editorial para lanzarla.

Arturo Cuadrado tendría entonces unos 35 años, un rostro delicado, una cabellera abundante y renegrida y unos ojos grandes que envidiaban las autoras que lo visitaban. Poeta él mismo y de verbo oportuno e irónico, era muy estimado por todos. Nunca se negaba cuando había que *echarle una mano* a los más jóvenes, como solía decir (y aun hoy mismo) en su lenguaje de inalterable acento castizo. Fue la providencia para más de uno.

Allí, sentado junto a mi, mirando a las damas que entraban, me escuchó silencioso entre sorbo y sorbo de café. Y por fin, cuando le tocó responderme, se limitó a decir: *"Si es tan grande como tú dices, envíamela con los originales"*. Agregó que si era muy joven mucho mejor. La poesía, afirmaba, sólo la dicta el espíritu "en su juventud". Claro que en ese instante no se hallaba con nosotros John Milton, porque éste le hubiera respondido que *"la poesía no tiene edad"*.

Repetimos el café y metimos a todos los poetas en la misma bolsa. No faltaron Rimbaud ni Verlaine. Ni aun el viejo Ezra Pound, encarcelado por traidor y metido en una jaula para que lo escupieran por defender y ponderar a Mussolini. Y como de costumbre, cayeron o se salvaron todos.

Atento a mis propósitos, después de darle o quitarle la razón, aproveché para pedirle que Luis Seoane, su socio en *Botella al mar,* le hiciera un retrato a pluma para el libro. (Yo mismo, días después, le pedí a Seoane que no reprodujera en el retrato el acné de Alejandra. El pintor se echó a reír y me tranquilizó.)

La tierra más ajena estaba en marcha. Incluso el nombre de la autora excluyendo el *Flora.* Cuadrado, sin embargo, poco antes de levantarnos me dijo solemnemente: "Por tratarse de tí sólo le cobraré a ella el 50 por ciento del gasto. El otro 50 por ciento lo asumirá la editorial". Después habló de pérdida y de los pocos lectores de poesía. Reconocí que, algún día, sólo los poetas leeríamos a los poetas, a cuyo fin debíamos constituirnos en hermandades secretas, dispuestas a ser perseguidas por los otros poderes.

Nos despedimos. Yo tomé para el noroeste. Cuadrado, para el sur.

Enterada Alejandra de este convenio, o de este arreglo, para ser más preciso, llevó sus originales y le pidió al padre el importe fijado por Cuadrado.

Transcurría el mes de julio de 1955, y Buma, esperando su libro, festejaba el aniversario de la Revolución Francesa. La publicación de sus poemas, como la toma de la Bastilla en 1789, significaba la liberación. Su tránsito en el mundo de la luz, lejos del anonimato. Porque para ella, el nombre sobre un libro, era, de alguna manera, un guiño a la eternidad. La señal de que estaba viva, estuviera o no dentro de su cuerpo. Indudablemente, era la alegría y la ansiedad del primer libro.

Esa ansiedad ya tenía un año y medio de espera, desde el día aquel en que acercándose angustiosa, me dijo: *"Quiero publicar"*. Entonces hubiera vendido su alma al Diablo. Hubiera hecho cualquier cosa por conseguir lo que se proponía. El libro, para ella, era el símbolo de su propio cuerpo. Ahora, más tranquila, se preparaba para entrar en el mundo de las letras, ese mundo que ella no conocía desde el lado de la tinta impresa. Ese mundo donde todos se trataban como modernos enoquianos devorándose a la sordina.

A los pocos días (Alejandra me lo había ocultado) me telefoneó Cuadrado para decirme que a la autora del libro *"le estaba creciendo una flor"*. Comprendí la metáfora. Buma, a pesar de lo resuelto en común, había exigido que el libro apareciera con su nombre completo. Temía perder su identidad, la autoría de esos poemas tanto tiempo acariciados y postergados por mi decisión de no publicar nada sin revisarlo minuciosamente.

Discutimos, pero ya no había tiempo de rever la orden. Los editores eran rápidos. *La tierra más ajena* se publicó en seguida con un colofón fechado el 10 de setiembre de 1955. Llevaba el retrato a pluma de Luis Seoane, y un epígrafe de Rimbaud, que de alguna manera era la clave de Alejandra:

> *¡Ah! El infinito egoísmo de la adolescencia,*
> *el optimismo estudioso: cuán lleno de flores*
> *estaba el mundo ese verano! Los aires y las*
> *formas muriendo...*

En ese epígrafe estaba ella: su adolescencia, el optimismo, la plenitud del mundo. Y al mismo tiempo el desánimo, el pesimismo de las formas que mueren o desaparecen. La vida y la muerte que no se detienen. Las puertas del exilio.

El día en que Alejandra me trajo el libro, coincidió con la visita de Clara Silva, la poeta uruguaya. Traía una cruz en el collar que la adornaba, y *Los delirios,* publicado a fines del año anterior. Un ejemplar fue para Alejandra, quien, a su vez, le dedicó el suyo.

Propuse festejar *La tierra más ajena* en el *Madrid,* al lado del edificio en que tenía el Estudio. El festejo lo haríamos extensivo a la obra de Clara Silva. Pensé también en Arturo Cuadrado y lo llamé por teléfono. No pudo venir. Lo mismo sucedió con J. Batlle Planas y otros amigos. Nadie respondió a este festejo repentino. Buenos Aires es una ciudad fría. De hormigón armado. Es una Cartago en la que los escritores se eluden o se agrupan en camarillas. Alejandra no podía dejar de ser una víctima propiciatoria, aunque ella todavía era ajena a este lenguaje del fusilamiento con balas de silencio.

Fuimos entonces al *Madrid:* Clara Silva, Alejandra y yo. Detrás de nosotros, el silencio. El vacío habitado por los fantasmas. Pedimos cerveza y una *picada*. Y entre vaso y vaso, Clara leyó algunos sonetos de *Los delirios,* y Alejandra, los últimos poemas de *La tierra más ajena.*

Yo, para no ser menos, pero a pedido de ellas, recité un fragmento de mis *Estereopoemas.*

Casariego, el dueño del bar, adhirió al festejo y nos obsequió con otra botella de cerveza y otra picada. No sé si Falstaff y Gargantúa tomaban cerveza. Pero estoy seguro que en un caso semejante estarían tan alegres como nosotros. Alejandra, en ese instante, era como el reloj de Christian Morgenstern, con dos manecillas que indicaban el tiempo simultáneamente para atrás y para adelante.

Fue un festejo de tres contra la multitud. Un festejo contra las camarillas. Pero, en realidad, nosotros éramos la multitud. Eramos todos los escritores. Nos leíamos y nos recitábamos a nosotros mismos, brindando con los vasos en alto. El mundo éramos nosotros. ¿Qué importaban las ausencias cuando la exaltación nos elevaba a categoría de dioses? Eramos nosotros, los inabolibles. Los que estábamos ahí para festejar el nacimiento de una nueva vida.

Casariego se sumaba al entusiasmo con otro vaso de cerveza. La vida, para nosotros, en ese instante, eran esos dos libros. Lo demás no interesaba.

Por esos días había furia en las calles. Rumores de alzamiento, de grupos militares que se desplazaban en la noche tomando posiciones de combate. Buenos Aires era una caldera, un hervidero de siniestras noticias que iban y venían de Buenos Aires a Córdoba, y de Córdoba a Buenos Aires. Era el apocalipsis y la liberación. Un estallido que podía extenderse como el *Big-Bang.*

Los estudiantes, en la Escuela del Periodismo, raleaban. No asistían a clase. Alejandra, también ausente, sólo se comunicaba por teléfono desde Avellaneda. Había comenzado un éxodo extraño que nadie se explicaba.

El 16 de setiembre de ese año de 1955, se produce el

81

estallido en Córdoba, a las órdenes del general Eduardo A. Lonardi. La *Revolución Libertadora* está en marcha. Avanza indetenible hasta Buenos Aires, y el 19 triunfa sobre Juan Domingo Perón.

El día 23, al mediodía, el pueblo de Buenos Aires aclama a Lonardi.

La caída de Perón llenó todas las calles de escarapelas, e hizo brotar el ingenio en coplas plegadizas que entonaba la multitud para festejar la llegada del jefe. Una de ellas, coreada en la calle Florida, decía:

> *Queremos a Perón*
> *colgado de un farol,*
> *con media lengua afuera*
> *pidiéndonos perdón.*

Un estribillo, aludiendo a la cañonera paraguaya en que Perón se refugió el día 19, expresaba:

> *¡Ay! ¡Ay! ¡Ay!*
> *Que lo aguante el Paraguay.*

Otro, recordando su dilatado gobierno, agregaba:

> *Después de doce años,*
> *Perón se fue a los caños.*

También se aludía a su impenitente costumbre de discurrir con sus *descamisados* en los discursos más elocuentes y demagógicos que recuerda nuestra historia. La alusión es despectiva. Refirma *ad absurdum* el concepto de gran orador en que le tenían hasta sus propios enemigos:

> *Aserrín, aserrán,*
> *ya se fue el charlatán.*

Después de cada copla y de cada estribillo, se daban vivas a la libertad, al general Lonardi y al contraalmirante Isaac Rojas, comandante en jefe de la Marina de Guerra en operaciones, cuya amenaza de bombardeo a Buenos Aires, decidió la renuncia de Perón el día 19.

A los *vivas* de la libertad, se sumaron los besos. Las mujeres besaban a los marineros. Los desconocidos se abrazaban al solo grito de la libertad. Las banderas ondeaban por la libertad. Los hombres y las mujeres rayaban las vidrieras de la calle Florida con la palabra libertad.

Todo era libertad a la caída de Perón. Libertad en los pechos, en los labios. En todas partes, libertad. Libertad en la tierra, en el mar, en los aires. Libertad en las gargantas, hasta enronquecer y perder la voz, para continuar con el puño alto, formando, entre el índice y el dedo mayor, la V de la victoria, que es también la de la libertad.

Tal fue la pequeña historia de ese 23 de setiembre de 1955. (Lo que vendrá después es otro momento de la historia. Otro suceso distinto, cuyas contradicciones concretan la dinámica de toda revolución. O bien la involución o el retroceso ideológico del impulso.)

Transcurrido el peligro y la euforia, Alejandra vino a verme con otro conjunto de poemas, que leíamos en el *Montecarlo* (esquina de San Martín y Charcas, hoy Marcelo T. de Alvear). Los revisamos. Sugerí algunas correcciones y quedé en que le hablaría a Raúl Gustavo Aguirre para su publicación en las *Ediciones Poesía Buenos Aires.* (Y aquí aparecieron al año siguiente, con el título de *La última inocencia,* y ya con la exclusión, definitiva, del primer nombre de la autora).

Este conjunto estaba mejor elaborado. No había fragmentarismo ni urgencias estériles. Al lado del amor nostálgico, volvían nuevamente los barcos, los miedos y la muerte, esa muerte rechazada, pero convocante. Deseada desde la profundidad. Esa muerte que estaba detrás de ella, o ella detrás de esa muerte que se repatingaba, anónima y artera, en el inconsciente.

En "Canto", por ejemplo, que aun conservo, está ese miedo que borbotaba por todo su cuerpo.

> *el tiempo tiene miedo*
> *el miedo tiene tiempo*
> *el miedo*
>
> *pasea por mi sangre*
> *arranca mis mejores frutos*
> *devasta mi lastimosa muralla*
>
> *destrucción de destrucciones*
> *sólo destrucción*
>
> *y miedo*
> *mucho miedo*
> *miedo.*

Desde este libro en adelante seguiría para siempre como *Alejandra Pizarnik*, el nombre que le había sugerido, mucho más breve y armonioso. No perdió la identidad, como creyó al publicar *La tierra más ajena*. La identidad estaba en la creación. En la integración del ser con la escritura, y no en el mero nombre que consignaba la autoría. Esto ya lo habíamos discutido muchas veces, y siempre estuvimos de acuerdo. Pero en algún momento, por esos apresuramientos ante lo desconocido, se olvidan los razonamientos y se pasa directamente a las contradicciones. Nunca más recaería ante esta alternativa. Esto, al parecer, ya era definitivo.

Nos demoramos en esas disquisiciones hasta llegar a la conclusión de que *el nombre era la escritura en sí misma*.

Ya estábamos en las "proximidades" de Buffon. Pero preferimos terminar con la especulación y festejar por anticipado la publicación de los nuevos poemas. Lo hicimos repitiendo la tasa de café. Aquí también valía por festejo el ánimo del momento. El café equivalía a una copa de Champagne o de lo que fuere.

Del *Montecarlo* nos fuimos a *El Temple*. Enrique Pichon Rivière esperaba a Elías Pitterbarg. Nos hizo sentar a su lado y nos habló, una vez más de Lautréamont, cuya infancia había transcurrido en el sitio de Oribe a Montevideo, en esa *Nueva Troya* llena de horrores y degüellos, donde las cabezas caían más rápidamente que en los cestos de la guillotina durante la Revolución Francesa.

No había manera de interrumpirlo. Esos horrores vividos por Lautréamont niño, tendrían que desembocar en los *Cantos de Maldoror*.

"Todo está claro", decía Pichon Rivière. *"Quien vive el horror, refleja el espanto"*. No era extraño, entonces, que el Creador apareciera como un ser infinito de crueldad. El espanto y el miedo originados en el horror, llevaron a Lautréamont a fundar un dios impiadoso que no se detiene ante nada y que vive del terror como algo muy afín a su esencia. La crueldad que lo había sorprendido en el sitio de la Nueva Troya, lo marcará y le obliterará para siempre los personajes de los *Cantos de Maldoror*.

Una conversación con Pichon Rivière era siempre una lección que nos impulsaba a buscar los libros que mencionaba. Sus conocimientos de la literatura francesa y del surrealismo, nos obligaba a reconocerlo como a un gran maestro. A veces hablaba de Antonin Artaud y de Jacquies Vaché. O bien se remontaba a Jarry y Apollinaire. Era el hombre más ilustrado de su grupo. El que más sabía, pero impedido, por su actividad de médico, de concretarlo en un libro.

Nos bastaba su sabiduría. El libro era él y todo lo que arrojaba sobre la mesa del bar cuando nos hablaba de sus temas preferidos. Estando con él no interesaba la linotipia.

Marshall McLuhan le hubiera dedicado *La Galaxia Gutenberg.*

Cuando vino Pitterbarg decidimos levantarnos. Nos pidió que nos quedáramos porque estaba proyectando una revista de poesía. Pero ya era muy tarde y no habíamos cumplido con todo aquello que debimos realizar ese día.

La noche estaba silenciosa, y la luna masticaba sus cuernos en el espacio. Todo estaba callado. Callada la extensión y el mundo. Pero en nosotros resonaba una voz. Una voz que danzaba en nuestros oídos y venía desde *El Temple.* Era la voz de Pichon Rivière, que seguía los rastros del niño maldito que un día se aterrorizó ante la crueldad que llenó de sangre la Nueva Troya.

EL ULISES DE JOYCE

Salgo a buscar la realidad de la expe-
riencia y a forjar, en la fragua de mi
espíritu, la conciencia increada de mi
raza.
James Joyce: *A Portrait of the Artist*
as a Young Man (1916).

Confieso que por aquella época el *Ulises* de James Joyce
me obsesionaba. Esto me llevaría a un curso especial sobre
el tema, al que también debían concurrir algunos amigos del
grupo de Arte Concreto-Invención. Alejandra ya conocía el
tema por haberlo esbozado yo con mucha anterioridad. Ella
no estaba ni en favor ni en contra de Joyce. Pero la lectura
del *Ulises* la aburría en exceso. Sin embargo, para que
estudiara a fondo la novela del irlandés, quise trazarle un
esquema y acabé con estas líneas que transcribo a continuación:

Julio del 55

Amadísima   Buma-Florcita-Alejandra-María
Pisserno y todos tus inmortales alias:

La labor sobre James Joyce está referida a lo que
el autor del *Ulises* pensaba sobre el arte en función
de Santo Tomás de Aquino. No te olvidés que se
trata de su primera época. Lo tenés todo en *El re-*
trato del artista adolescente. Consultá mi libro.
Luego hay que analizar la idea del *Ulises* en el
A portrait (en inglés y en castellano en el primer

placard): *"salgo a buscar la conciencia increada de mi raza".* (Id. en *Lit. de vang.,* que ya lo leíste mil veces).

Al desarrollar el arg. y al hablar del estilo (como se te ocurra), ver q. puntos de contacto puede haber con la obra de Proust. Y así, en Joyce, las *palabras o frases simultáneas,* los *neologismos,* el *automatismo,* el *monólogo interior* de Molly Bloom, y si hay conexión con la *Odisea.*

Todo esto lo tenés en mi Lit. de v. No es tan difícil. Sólo requiere un poco de trabajo. No te olvidés de las heroínas de Guy de Maupassant.

Recordá que a Joyce *no le interesaban los estilos tradicionales.* Se hacía pis en la crítica, aunque los críticos, aun redivivos, se llamaran *Shakespeare, Máspero o Renan,* o el mismo infla pelotas de *Rabelais.* Por eso se dio el lujo de llevar el *Ulises* a sus últimas consecuencias con el *Work in Progress* o *Finnegan's Wake.*

Tampoco le importaba la multitud, porque como él mismo se lo dijo a Silvia Beach, en París, *"la multitud soy yo".* Don Quijote lo hubiera mandado a combatir contra los carneros, pero Joyce es la revolución en el lenguaje, el nuevo Nebrija cuya *Gramática* esperaban los escritores de vanguardia.

Jean-Jacques Bajarlía

Dejé el papel sobre la máquina de escribir, que ella retiró para contestarme, también por escrito, en la semana siguiente. He aquí su carta:

Buenos Aires, 7 de agosto de 1955

Querido Jean-Jacques:

Aproveché tu ausencia para ver un poco eso de Joyce. No creo que todas van a leer el *Ulises*, y va a ser muy difícil que te hagan un buen trabajo, se te pudo haber ocurrido otro seminario, pero como van las cosas, no tengo gran interés porque Joyce es un autor frío, se ve en el trato que le da a Molly, a la que tiene siempre a distancia. La pobre se parece a mi, y vos el Bloom que nunca se sabe dónde está.

Lo del *monólogo interior* o escritura automática por asociación, como vos decís, también me parece otro juego frío del autor, pero para Borges y vos el lenguaje de este siglo debe seguir sus líneas. Yo considero que el verdadero lenguaje surge de una misma, del mismo ser, sin rebuscamientos, y no sé si algún día cambiaré de opinión, pero por ahora, además de todo lo que hemos dicho sobre Joyce, me cuesta avanzar en el *Ulises*. La falta de sensibilidad o emociones te dan ganas de dejarlo a un lado, y esto que te digo no tiene nada que ver con tu seminario ni con lo que haré para cumplir con las notas.

Ahora leo *Cumbres borrascosas* de la Brontë, es una manera de olvidarme de tu famoso Joyce.

Besos.

Buma

Con excepción de algún día, habíamos estado en contacto permanente. Pero Alejandra, a fin de evitar discusiones, solía recurrir, no siempre, a la expresión por escrito. Lo hacía en todos los casos en que su divergencia pudiera ser tajante. Tenía, a pesar de eso, una virtud. Se desdecía al poco tiempo cuando advertía que la parte contraria tenía razón.

Con Joyce, además, manteníamos una "relación especial". Lo teníamos en fotografía sobre una cornisa al lado de la mesa-escritorio. Sentado displicentemente, con el brazo derecho en el respaldo, la mano caída, y la izquierda sobre el pecho, casi pegada al moño de su cuello, el pelo renegrido y los ojos tras los lentes, casi extraviados, parecía la imagen de un detective preocupado por resolver un problema.

Alejandra, cada vez que observaba esa foto ordenada por Silvia Beach en *Shakespeare and Co.*, sonreía para decirme que el autor del *Ulises* meditaba en lo difícil que significa el escribir a la perfección para todo el mundo, "cosa que él no había hecho".

En este punto discutimos. Pero ella sabía, en definitiva, que no se podía avanzar en la literatura contemporánea sin "echarle un vistazo" a ese libro. Aún así, y para mayor iconoclastia, conocíamos los juicios peyorativos de Virginia Woolf y H. G. Wells. Las opiniones siempre estaban divididas.

PROMESAS QUE NO SE CUMPLEN

> *Je crois que Gauguin pensait que*
> *l'artiste doit rechercher le symbole, le*
> *mythe, agrandir les choses de la vie*
> *jusqu'au mythe, alors que Van Gogh*
> *pensait qu'il faut savoir déduire le*
> *mythe des choses les plus terre-à-terre*
> *de la vie.*
>
> Antonin Artaud: *Van Gogh le*
> *suicidé de la societé* (1947).

Publicado el primer libro y corregidos los poemas que iban a integrar el segundo, nos pusimos de acuerdo para traducir definitivamente a Antonin Artaud. Hasta ahora lo habíamos hecho fragmentariamente, con algunas frases sueltas. Teníamos el ejemplar de *K Editeur,* publicado en París, en 1947, con el título de *Van Gogh / le suicidé de la societé.* Estaba ilustrado con láminas que reproducían, en este orden, ciertos cuadros de Van Gogh:

> *Champs de blé aux corbeaux* (1890).
> *Le fauteuil de Gauguin* (1888).
> *Le café, le soir* (1888).
> *Les aliscamps (fragment)* (1888).
> *La chambre à coucher de Vincent* (1888).
> *Tournesols* (1888).

La edición era de pocas páginas (71 en total). Resolvimos, entonces, repartirlas por partes iguales, con la promesa de repasarlas en conjunto al final de la labor. Alejandra era muy optimista. Prometió realizar su traducción en no más de 15 días. Yo dije lo mismo y nos pusimos a barajar nombres de editoriales que, según nosotros, publicarían el libro rápidamente. Como en el cuento de la lechera, habíamos edificado un castillo en el aire, del que obtendríamos dinero y otros favores.

Por aquel entonces eran muchos los surrealistas argentinos que hablaban de Antonin Artaud. Pero pocos lo habían leído en las obras originales. Además, Gattegno, en *Galatea,* nunca importaba más de 5 volúmenes. O algo menos. Esto también acontecía en *Hachette.* Quien no estaba en esas librerías cuando "abrían el paquete", estaba perdido. Tenía que mendigar el libro del primer afortunado que lo había adquirido. Yo, en cambio, seguía otro método. Había empeñado mi palabra de adquirir cualquier volumen que llegara de Francia, fuera malo o bueno, de autor conocido o desconocido. Era la única manera de asegurarse sobre la adquisición de los autores que nos interesaban. Alejandra no estaba de acuerdo con esta modalidad. Pero en algún momento, el caso Artaud, por ejemplo, nos regocijábamos de tener un libro que los otros buscaban inútilmente.

La traducción no era tan sencilla como parecía. La primera dificultad nos asaltó desde el título: *Van Gogh / le suicidé de la societé.* ¿Era "el suicidado de la sociedad" o "el suicidado por la sociedad? ¿Qué habrá querido decir Antonin Artaud? yo insistía en el *suicidado de la sociedad* y no *por la sociedad.* Lo infería de la significación total del libro. Incluso el mismo Artaud se consideraba una *víctima de la sociedad.* Van Gogh, entonces no se había suicidado *por causa de la sociedad,* sino que era, directamente, una de las tantas víctimas propiciatorias que coexistían en la organización social.

Alejandra estaba dubitativa. No se decidía por ninguna de las proposiciones. Tan pronto adhería a una como a la otra. Hubo un instante en que el *de* y el *por* nos llevó a confundir la lengua. Estábamos, indudablemente, en la Torre de Babel.

El cambio de opiniones nos llevó un par de horas. De seguir con estas dudas necesitaríamos que las paralelas se encontraran en el infinito para poder terminar la traducción. Nos dábamos por vencidos cuando Buma recordó que esa noche teníamos que vernos con la gente de *El Temple*. Fuimos para allá.

Enrique Pichon Rivière y Aldo Pellegrini ya estaban ubicados en su mesa, hacia el fondo del bar, muy cerca del mostrador. Nos sentamos, y antes de que el mozo viniera, puse el libro de Artaud sobre la mesa. Aldo Pellegrini dio un brinco. Se consideraba el único poseedor de los ejemplares del *Van Gogh*. Pero él desconocía nuestro pacto con Gattegno. Pichon Rivière, a su vez, inquirió con la mirada. Alejandra respondió. Se trataba de saber cuál era la traducción exacta del título.

Pellegrini, muy lector de Artaud, dijo *el suicidado por la sociedad*. (Y así lo iba a traducir andando el tiempo.) Pichon Rivière, no muy firme, argumentó que era imprescindible leer todo el libro para arrimar una traducción exacta. Me dio sin embargo la razón en cuanto a que *el suicidado de la sociedad* aludía a las víctimas que yacían dentro de la sociedad y aún así se movían dentro de ella. Los suicidados son infinitos, nos dijo. Viven como protesta dentro de la sociedad. No se suicidan por ella, sino que la misma sociedad los suicida.

Yo miraba con sorna a Pellegrini. Alejandra sonreía como inspirada por los ángeles. Y aun así, la discusión se dilató mucho tiempo. Todos pretendíamos estar en lo cierto.

Cuando nos despedimos nos fuimos al Estudio. Alejandra no quería regresar a su casa. Preparé el café y nos pusimos a leer el Van Gogh, especialmente aquella página en que Artaud hace un paralelo del mito entre Gauguin y Van Gogh. Para el primero, según el autor, el problema residía en exaltar las cosas de la vida, de modo que el mito fuera la consecuencia de esta exaltación. Van Gogh, por lo contrario, pensaba que el mito debía deducirse de las cosas más pedestres de la vida.

Nosotros pensábamos lo contrario. Ni lo uno ni lo otro. Sólo la poesía. Sólo ella era la fuerza creadora del mito.donde la poesía alumbraba surgía el hecho inabolible. El mito en estado puro que el tiempo no podrá borrar.

Pero el tema del suicidio prevaleció. Desplazó el del mito y ocupó buena parte del análisis de Alejandra sobre Van Gogh. El hombre, dijo, utiliza su fuerza contra sí mismo porque ha perdido a sus rivales. Y al perder a sus rivales, el mundo se le cae, deja de existir.

Le di la razón, pero la saqué del tema. Cavilar sobre el suicidio producía en Alejandra una especie de *shock*. Un impulso que podía llevarla a ese proceso de *reversibilidad* que yo temía. Era un salto simultáneo entre el fervor y la depresión. Esto lo tenía presente. No podía descuidarme.

Ella advirtió mi reacción. Pero comprendió. Sabía que el tema del suicidio y la muerte la dañaban. Aceptó una segunda taza de café, y sacó de la estantería las *Iluminaciones,* de Rimbaud. Luego subrayó estas palabras:

He aquí el tiempo de los asesinos.

Una nota afirmaba que el poema había sido escrito después de la primera ingesta de *haschisch* en el *Hotel des Etrangers,* en noviembre de 1871. La nota era más extensa. Culpaba a Verlaine de ciertas desviaciones de Rimbaud.

No quise hablar de las *Iluminaciones* ni aun de la terrible vida del poeta. ¿A qué decir que entre los 16 y los 20 años concretó su excepcional creación, y que entre los 20 y 37 años vivió su etapa de nihilismo y muerte? Esto le hubiera gustado a Buma. Pero ya teníamos bastante con Van Gogh, y no iba a ser yo quien cediera en este momento.

Como solía suceder en el Estudio, el cansancio manifes-
tado por Buma, pasaba a segundo plano para caer en la
lectura de los libros de la estantería. Siempre, o casi
siempre, centrábamos el interés en un fragmento para pasar
luego a la significación total de la obra. Era un procedimiento arbitrario que tenía la virtud de fijar o ampliar
nuestro conocimiento.

A pesar del sueño que ya la doblegaba, echó mano a las
Hojas de hierba, de Walt Whitman. Abrió impensadamente
en el "Calamus", donde "el viejo Walt", como le decía García
Lorca, elevaba el amor gay a categoría de amor viril. La
lectura nos llevó a esta reflexión. ¿Por qué el viejo Walt no
le dedicó un poema a Sócrates? ¿No había dicho, acaso,
dirigiéndose al amigo: *"(...) en algún bosque probemos a
escondidas / O detrás de una roca, al aire libre"?*

Buma se olvidó de su cansancio. Justificó a Whitman y
pasó inmediatamente a Safo. El tema del lesbianismo le
interesaba tanto como el del ocultismo. Ambos, según ella,
servían para descubrirse. Era como escarbar en el principio
de identidad. Ser uno mismo a través de una acción
homeopática que consistía en tomar el propio cuerpo como
una vía de escape.

Le observé sus argumentos. Le dije que Safo la hubiera
distinguido como su ayudante en Lesbos. Me contestó con
una sonrisa, y después de un instante, recurrió a una frase
ambigua: *dentro de la naturaleza, todo es verdad.*

En seguida manifestó su deseo de llevarse el libro de
Whitman para dedicarle una interpretación "original" que,
según ella le faltaba o habían eludido los exégetas por
tratarse de un tema tabú.

Acepté la proposición. Pero yo sabía cómo era Alejandra,
esta Buma leonada y enigmática. Eran muchas las promesas. Muchos los juramentos. Pero todo quedaba en agraz
o en el simple deseo. Las traducciones quedaban a medio
hacer o en los primeros párrafos. Los ensayos o las nuevas

significaciones que pretendía llevar a cabo, quedaban en la primera línea o en el título orientador que no pasaba de ser una señal en el vacío. Todo se diluía en la misma intención. O era el aire que iba al aire.

Fue Yeats el que dijo *¡Promesas! ¡Promesas!* Pero las promesas no existen si no se avanza en la acción. Obran como una borrachera en el momento de ser formuladas. Pero luego se disuelven si no encarnan en el cerebro de quien las formuló.

Alejandra era así. El entusiasmo que se diluye y la imprevisión. Pero no era culpable de estas reacciones. Es posible que fuera la consecuencia de sus procesos de *reversibilidad,* aquellos en que pasaba del fervor a la depresión. O al revés: de la depresión al estado fervoroso.

Las horas avanzaban y el cansancio se hacía mucho más denso. Los párpados se espesaban. Tendían a caer con mucha más fuerza sobre los ojos o las páginas que nos tentaban. Tendí, entonces, la lona que guardaba en el placard, abrí un poco más la ventana y corrí el cerrojo de la puerta...

SAFO Y LAS HETAIRAS

Sus senos eran duros como la arcilla
primigenia, su tronco tenía la resis-
tencia de los pinares, su flor carnal era
una araña gorda, nutrida de la resina
de esos mismos pinares. Araña abulta-
da, apretujada como un embutido.
José Lezama Lima: *Paradiso* (c. VIII).

Dos días después, apasionada por Safo, Alejandra dejó de pensar en la proyectada traducción del *Van Gogh* de Antonin Artaud. Me transmitió su contagio y no hicimos otra cosa que buscar todo lo referente a la vida y la obra de la gran poeta de Lesbos. Reunimos alguna bibliografía. Pero casi todos los datos eran inciertos.

No es verdad que se había casado con Cercilas de Andros, como aseguraba Suidas. Ni que había tenido una hija de nombre Clais, según una dudosa interpretación de sus poemas. Esta pudo haber sido una de las amadas de Safo. Tampoco era verdad que se suicidó arrojándose al mar. O que "el apuesto Faón", al abandonarla, cansado de ella, hubiera suscitado en Safo su deseo de morir.

Alejandra, contrariada por los datos que hallábamos, creía y defendía el suicidio de Safo. Yo, indudablemente, me oponía a esta afirmación.

La lectura de la bibliografía se hacía interesante. Lo único cierto es que Safo había nacido en el año 635 a. de J.C. Tuvo tres hermanos: *Kharaxos* (nombre fálico del que Camilo José Cela obtendrá algún provecho en su *Diccionario secreto*), *Eurgio y Larikhos*. Este último fue copero del pritaneo de Mitilene, la capital de Lesbos.

El invento lidio de la moneda y el acceso al poder económico produjo una serie de convulsiones contra los patricios terratenientes. Se alternaron los tiranos y se dictaron leyes opresoras que era imprescindible eludir de alguna manera. Safo huyó a Sicilia, donde se pierden las huellas de su actividad. Pero regresó dos años después a Mitilene, en el 617 a. de J.C. Y en esta ciudad, mediante los poderes de Pítaco, obtiene el nombramiento de *thiasos,* es decir, *conductora de ronda,* para instruir a las jóvenes patricias en las artes y prepararlas para el matrimonio. Estas eran las *hetairas* o discípulas de Safo, que no hay que confundirlas con las de Atenas y otras ciudades griegas.

Hasta aquí todo era normal. La reputación de Safo, víctima del exilio y gran poetisa, hizo que todas las jóvenes con inquietudes pretendieran sus enseñanzas.

Alejandra, entusiasmada, pensando en un trabajo futuro (nunca realizado), me pidió que pasáramos a consignar el comportamiento de Safo con sus hetairas. Era una prioridad para no errar en el análisis.

A Cirina, una de esas hetairas, le dedicó estos versos:

Jamás hubo bajo el sol
una virgen tan dotada
para el arte, como tú.

Arthur Weigall, relatando el hecho, afirma lo siguiente: "Máximo de Tiro dice que entre ella y Safo se entabló la misma relación que existió entre Sócrates y Alcibíades". Luego, citando a Petrus Alcyonius, agrega: "Sus poemas deben haber sido inspirados en gran parte por un amor poco natural, ya que más tarde fueron considerados nocivos a la moral pública y quemados junto con los de Safo por la Iglesia Católica".

Con Atis, una hetaira muy joven cuando Safo tenía 30,

ésta vivió un amor violento y trágico, cuyos poemas también fueron quemados:

"*Te amaba, Atis, hace ya mucho tiempo, cuando mi adolescencia estaba en flor y tú sólo me parecías una torpe niñita*". Estos versos están consignados en *De los metros* (VI, 390), de Terentius Maurus. Pero hay un instante en que Atis quiere desligarse de ese amor violento. Entonces le escribe a Safo una carta en la que le dice:

"Safo, ¡juro que no quiero amarte más! ¡Oh, levántate por amor hacia nosotras, y haz salir del lecho tu cuerpo vigoroso, tan amado! Y en el agua, como un lirio inmaculado al borde de una fuente después de haberte quitado tu *peplos* de Quíos (vestimenta de noche), báñate. Y que Cleis, sacando de tus cofres una *lope* (camisa) azafranada te la coloque junto con un *peplos* (vestimenta de día) púrpura. Y con la *chlaine* (abrigo) cubriendo tus hombros, corone tu cabeza con guirnaldas de flores. Y ven encantadora cuya belleza me enloquece. Y Praxinoa nos asará castañas que agregaremos a la comida de las vírgenes, ya que un dios nos envía esta felicidad. Sí, en verdad, hoy es día en que a Mitilene, la más amada de las ciudades, Safo, la más bella de las mujeres, ha prometido volver conduciéndonos como una madre a sus hijos".

Este amor fue tan intenso como puede verse en estos versos de Safo:

Apenas te veo así un instante, me quedo sin voz
Se me traba la lengua. Un fuego penetrante fluye
  en seguida
por debajo de mi piel. No ven nada mis ojos y
  empiezan a zumbarme
los oídos. Me cae a raudales el sudor. Tiembla
  mi cuerpo entero.
Me vuelvo más verde que la hierba. Quedo desfallecida
y es todo mi aspecto el de una muerta.

Este amor tan intenso quedó trunco. Safo perdió a su insustituible Atis porque ésta, enamorada de Andrómeda, otra hermosa hetaira, se fue a Lidia con ella.

Es posible que esta pasión frenética se haya repetido con las demás discípulas de Safo, entre las cuales se hallaban Telsipa, Anágora, Gongila, Nossis, Gorgo, Eunica, Mnasídica y alguna más. Amada por sus hetairas, ejercía sobre ellas la tiranía de la belleza y el sensualismo.

Para los antiguos, como Aristófanes, ser *lesbiana* significaba caer en la prostitución, ser una *"mujer de burdel"* o una ramera, como lo admitían los humanistas Domicio Calderino y Johannes Británico. Lo mismo aseguraban los escoliastas. Horacio, a su vez, no se ahorra ningún adjetivo. La llama *macho,* sencillamente: *temperat Archichi Musam pede mascula Sappho* (Ep., 1, 19, 28).

Alejandra no participaba de estos juicios. Aseguraba que la Décima Musa era un dechado de virtudes. Sus poemas, decía, daban la sensación de lo sensual por la gran carga emotiva que los originaba. Discutimos largo rato esta tesis. Pero convinimos que dentro de la poesía universal, los poemas de Safo no había sido superados en el tema del amor. Y menos aun en los versos que le dedicó a la hetaira que más amó:

> *El amor, ese ser invencible, dulce y amargo*
> *que desata los miembros,*
> *de nuevo se alborota en mí.*
> *Pero mi cariño, Atis, te causa fastidio,*
> *y rauda hacia Andrómeda te vas.*

No pudimos agotar el análisis. Pero del lesbianismo dimos un salto hacia el homosexualismo masculino. Los griegos amaban a los efebos, a quienes designaban con el nombre de *Posthón,* denominación cariñosa para mencionar el *membrus virile.* El Posthón de Fidias se llamaba

Pantarkes. Y sabemos, porque lo relata Pausanias, que en el dedo de su estatua de *Zeus en Olimpia,* grabó estas palabras: *Hermoso Pantarkes.*

En Grecia era corriente el amor por los muchachos. Era la contrapartida del lesbianismo. Alejandra no se daba por vencida. Poco le importaba Fidias, Sócrates, Calímaco y Meleagro. Ni aun Alexis o lo que cantara Virgilio. Excluía el caso de Safo y aseguraba que iba a probar, en un ensayo, las virtudes de la gran poetisa. Estaba indignada contra aquellos que sólo la habían visto como una suma de perversiones. O bien como una pecadora de los más infames burdeles de Mitilene.

Yo reía o seguía revisando los libracos que habíamos acumulado para Estudiar a Safo. Introducía alguna nueva significación, y Alejandra retomaba la defensa de la "gran amadora". También estaba en lo cierto cuando pensaba que el entusiasmo por Safo se diluiría en un par de días, como solía acontecer con otras promesas que también quedaron en el aire.

RIVALIDAD EN MITILENE

In somma sappi che tutti fur cherci e
litterati grandi e di gran fama d'un
peccato medesmo al mondo lerci.
Dante: *Inferno*, XV, 106-108.

Contra todas mis previsiones, Alejandra volvió al tema de Lesbos. Insistía en el ensayo que iba a dedicarle. Yo, por mi parte, no me opuse. Los temas tabúes siempre ejercieron cierta fascinación. Me dediqué, por lo tanto, ayudado por ella, a la tarea de seguir buscando materiales. El problema que se presentaba de inmediato era el de tomar nota de los antecedentes que pudieran servir para un juicio definitivo. Después vendría la evaluación.

Lo primero que advertimos es que hubo otra poetisa tan importante como Safo, olvidada por la historia o desechada por los investigadores. Era el caso de Damofila, discípula de Safo, en cuya casa de Mitilene estuvo alojada y dedicada exclusivamente a su culto. La imitaba en su poesía, y hasta se afirma que en ausencia de ella, era la encargada de adiestrar en la danza y demás artes a las hetairas de Safo.

Y como a la Décima Musa, Damofila sólo le interesaba por la belleza de su propio sexo. Era de iguales tendencias que su maestra, y es posible que hubiera conocido a la hermosa Atis.

Se sabe que compuso exaltados himnos en honor de la diosa Artemisa, en los que de alguna manera transcribía su pasión por el lesbianismo. Y tanto éstos como sus poemas de amor, eran imitaciones de la sutil poesía de Safo.

No hay seguridad del tiempo en que Damofila compartió

la misma mansión con Safo. Pero, sí, se sabe que se desvinculó de ésta e instaló su propia casa para dedicarse a la misma enseñanza. Tuvo sus propias hetairas, discípulas de familias ilustres, y ejerció una ascendencia de similares significaciones.

Filóstrato, en *Vida de Apolonio de Tiana* (lib. 1, 3º), haciendo hablar al sabio, consigna la siguiente referencia:

"Me interrogabas ayer acerca del nombre de aquella mujer panfilia, que según se decía era amiga de Safo y había compuesto los himnos que se cantan a la Artemisa de Perga en los estilos eólico y panfílico (...). No te dije cómo se llamaba. Pero te expliqué el estilo y las denominaciones de estos himnos. Incluso te dije cómo lo eólico ha sido llevado a lo que es exclusivo de los panfilios. Pero estuvimos hablando de otras cosas sin que volvieses a interrogarme por el nombre de esa mujer. Te lo diré entonces. Esa mujer tan sabia se llamaba Damofila. Y se asegura que ella, igual que Safo, tuvo a dos jóvenes como amigas, y que compuso poemas de amor e himnos. Entre éstos se halla el himno a Artemisa, cantado y realizado con el modelo de los poemas de Safo".

La referencia de Filóstrato a través de un diálogo entre Apolonio y Damis, salva parcialmente la falta de información acerca de Damofila. No olvidemos también que la *Vida de Apolonio de Tiana* data del siglo II de J.C. Filóstrato murió en el año 217.

Todo esto, afirmaba Alejandra, no puede fundar un juicio peyorativo acerca del amor lesbiano. Hay exaltación, pero no carnalidad, decía. Luego, no muy segura, insistía en que la poesía estaba por encima del amor al sexo.

Yo, más documentado que Alejandra, la contradecía a cada instante. Hubo sexo. Y esto no podía negarse si se recurría a otras fuentes antiguas, a esos autores que debieron conocer de cerca todo esto. Tal era el caso de Luciano, que en los *Diálogos de las cortesanas* (d. 5) ya nos habla de la lascivia de las mujeres de Lesbos *("la lesbense Megila")*, diciéndonos directamente, sin ninguna clase de tapujos, la plenitud que sentían en el momento de amarse: *et multum iucundiore coeuntem me vidibis.*

Alejandra se indignó ante esta referencia. Trató de cochino a Luciano y dijo que mentía demasiado. Agregó que no estaba en condiciones de opinar sobre la intimidad de las lesbianas, porque todo lo que decía de las supuestas cortesanas, lo había inventado. En cinco minutos acabó con su reputación. Pero como yo le dijera que, según Suidas, Luciano había muerto despedazado por los perros, redobló su ataque y sostuvo que eso le sucedió por impostor.

Yo, indudablemente, sonreía ante los juicios dictados por la contrariedad de Alejandra. Me gustaba verla enojada cuando algún autor no confirmaba sus razonamientos. Y para que se enojara mucho más, agregué que el mentiroso era Suidas, porque Luciano había muerto como consecuencia de la gota que lo aquejaba. Esta inferencia podría extraerse de la *Tragodopodagra,* poema en el que él nos hablaba de esa enfermedad que lo atormentaba en cualquier momento.

En la anarquía o el desorden que significaba el pasar de un autor a otro sin plan preconcebido, Alejandra recurrió a *Corydon,* de André Gide. Comenzamos a *expulgarlo,* y en seguida advertimos que para él todo lo que estaba en la naturaleza era una cosa lícita. El homosexualismo, según el diálogo 1, III, *estaba dentro de la naturaleza.* Entonces no podía hablarse de su ilicitud. Citaba en su apoyo una frase de Pascal: *"Todos los gustos se hallan en la naturaleza".* Para Gide sólo la obra de arte no es natural:

"Le apuesto a que antes de veinte años las palabras contra natura, antifísico, etc., no podrán ya tomarse en serio. No admito más que una cosa en el mundo que no sea natural: la obra de arte. Todo lo demás, quiéralo o no, entra en la Naturaleza, y en cuanto no se mira en plan de moralista, conviene examinarlo como naturalista".

Acerca de la homosexualidad, había dicho previamente: "Entiéndame bien: la homosexualidad, lo mismo que la heterosexualidad, abarca todos los grados, todos los matices: del platonismo a la lascivia; de la abnegación al sadismo; de la salud alegre a la misantropía: de la simple expansión a todos los refinamientos del vicio. La inversión no es más que un anexo. Además, existen todos los grados intermedios entre la homosexualidad exclusiva y la exclusiva heterosexualidad. Pero generalmente se trata de oponer al amor normal un amor reputado contra Natura, y, para mayor comodidad, se pone toda la alegría, toda la pasión noble o trágica, toda la belleza del gesto y del espíritu, de una parte; y de la otra, no sé qué escoria enfangada del amor...".

En otro pasaje del diálogo, los interlocutores expresan:

—"¿Pretende usted que la heterosexualidad es simplemente cuestión de costumbre?

—¡Nada de eso! Pero sí que juzgamos según la costumbre considerando sólo natural la heterosexualidad".

Para seguir aportando argumentos en favor de la homosexualidad, Gide cita, más adelante, el libro IV, capítulo 8 de *Del espíritu de las leyes*.

Desconfiando de la cita, lo verificamos en la edición que, por suerte, tenía yo en la estantería del Estudio. Y era así. Montesquieu decía:

"Nos causa rubor leer en Plutarco lo que dice de los Tebanos: que para dulcificar hasta la afeminación las costumbres de la gente, dictaron leyes de amor, que han sido proscritas en todas partes".

En este punto, olvidados de Safo, Alejandra argumentó que André Gide se había excedido, y que más parecía un administrador de lenocinios que un exégeta. El *Corydon,* por otra parte, insistía en el panegírico de una tendencia. Era algo así como "un pequeño tratado de propaganda", según le había dicho François Porché a Gide (carta del 2 de enero de 1929). Pero no un tratado del proceso creador vinculado con el tema.

El problema, por lo tanto, quedaba en pie, porque de acuerdo con Alejandra (y esta vez volvimos a Safo), la poesía de la Décima Musa estaba en función de un amor donde no existía el hombre, pero tampoco el sexo material. Ella lo iba a investigar. Pretendía realizar un ensayo "novedoso". Me pidió que le buscara bibliografía, y le propuse con sorna que estudiáramos el griego. El ensayo jamás se concretó.

LOS ALTOS MUROS

*El cuerpo más liso es el que presenta
mayor número de rugosidades.*

Alfred Jarry

*Y ungías toda tu piel...
con un aceite perfumado de mirra
y digno de un rey
y sobre un mullido cobertor
junto a la suave...
suscitaste el deseo...*

Safo

*Ahora, pues, libre está el suelo y las
manos de todos y las copas.*

Jenofanes de Colofón

Telefoneado por mí, Raúl Gustavo Aguirre nos esperaba
en *El Continental*, de Callao y Rivadavia. Llegué puntual-
mente con Alejandra. La tarde comenzaba a diluirse en el
crepúsculo, y un muchacho, a la puerta del bar, voceaba los
diarios. Una niña pedía ayuda en las mesas, mientras el
mozo corría hacia ella para impedir que molestara a los
clientes. Aguirre, con el café servido, me esperaba junto con
Edgar Bayley, quien, a su vez, saboreaba un *semillón*.

Nos sentamos. Alejandra extrajo algunos de sus poemas.
Hablamos de poesía. Aguirre dirigía la revista *Poesía
Buenos Aires,* y tenía, entonces, 28 años y una sonrisa
acogedora que invitaba a una rápida camaradería. De frente
amplia y una cabellera tempranamente devastada, un rostro
con ojos castaños y labios delgados le daban un aspecto
inconfundible y solidario, y al mismo tiempo una pátina

enigmática. Sabía a lo que íbamos. Alejandra quería publicar *La última inocencia* en las Ediciones Poesía Buenos Aires, y él estaba de acuerdo en que así fuera. Lo había conversado mucho antes de reunirnos.

Aguirre había traído su *Cuerpo del horizonte,* publicado en 1951, y *La danza nupcial,* de 1954, para que Alejandra eligiera los formatos. La elección recayó, indudablemente, en el de menos páginas. Había que reducir los costos y restringir la cantidad de poemas. Y para que Alejandra no olvidara el formato, Aguirre le obsequió *La danza nupcial.*

Edgar, un tanto molesto, preguntó si ya estaba cerrando el trato comercial, y ordenó al mozo un segundo semillón. Aguirre, a su vez, sin prestarle atención a Edgar, quiso leer algún poema de *Cuerpo del horizonte.* Y así lo hizo, dirigiéndose exclusivamente a Buma. Nos leyó el dedicado a "César Vallejo", hermoso poema que yo leí por segunda vez mientras Edgar miraba de reojo, con medio cuerpo sobre la mesa y medio cuerpo hacia afuera, como si estuviera en actitud de juego.

Las tres primeras estrofas de ese poema, decían así:

> *era niño y traía*
> *sus abuelos de piedra bajo el brazo*
> *los nervios del metal en la garganta*
> *su multitud de hijo*
>
> *le dijeron si creces*
> *taparemos tus labios con un círculo*
> *cavaremos tus ojos*
> *y tiraré del mar si no te cierras*
>
> *pero César creció y entre su carne*
> *se hicieron tres silencios de madera*
> *y el cuarto día le tosió una imagen*
> *en su heráldica oscura de maíz*

Cuando Aguirre quiso confirmar el título del libro de Alejandra, Edgar se despabiló y comenzaron los chistes. Decir *La última inocencia* fue para él un detonante magnífico. Quiso saber cuál podría ser esa *última inocencia,* porque según decía, personalmente nunca pudo alcanzarla. Luego trató de establecer una relación entre la inocencia y el pecado, y de chiste en chiste fuimos a dar con la metafísica.

Aguirre y Alejandra impugnaron la ironía de Edgar. Argumentaron que la poesía se nutría de inocencia. De absoluta desnudez. Intervine yo citando los *Cantos de inocencia,* de William Blake, el impulso juvenil como lanzamiento de la invención. Acaso *La última inocencia* podría retitularse *La última desnudez,* puesto que la autora, al *despojarse* de la palabra que le venía desde las profundidades, se mostraba a sí misma tan desnuda como ese ser que hablaba por ella.

Alejandra me dio la razón. Expresó que la inocencia no era ingenuidad. Y mucho menos lo opuesto al pecado. La inocencia para ella era, como yo lo había dicho, el despojamiento. O en otros términos: la *expulsión* de todo aquello que trababa el ser.

Aguirre adhirió a nosotros. Edgar, ya más serio, meditando por instantes, como solía suced · en las grandes discusiones, insistió en que la inocencia era adversa a la poesía. La invención, siguió diciendo, es el resultado crítico, meditado, de un impulso. Y la poesía "es esto y no la inocencia". (Andando el tiempo, Edgar va a cambiar de opinión, sumándose al ensayo de Octavio Paz sobre la poesía como dimensión de la inocencia.)

A esta altura de la discusión, se sumaron otros poetas a nuestra mesa: Fernando Guibert, Manuel del Cabral y Máximo Fresero. El mozo juntó una mesa más a la nuestra. La niña que antes nos había pedido una ayuda, aprovechó la distracción del mozo y entró nuevamente. Le dimos unos centavos y se escurrió con la misma rapidez con que había entrado. Los niños que eran sacados de los bares tenían su estilo propio. A veces entraban como vendedores con un par de lápices que nadie compraba. Eran un pretexto para pedir. Los mozos, en esos casos, aunque conocían la maniobra, se hacían los desentendidos.

La noche se ponía espesa, densa como una pasta de gelatina. Manuel del Cabral, a quien llamábamos *Ametrallladora* por su voz estridente, hablaba de sí mismo y de su poesía. Se ubicaba por su cuenta al lado de Neruda, César Vallejo y Vicente Huidobro, y proclamaba que salvo estos poetas, ninguno más le llegaba a los talones en las "tres Américas". Le respondíamos que se había olvidado de Eliot y Ezra Pound. Pero no nos oía. Cuando él hablaba se escuchaba a sí mismo. El mundo no existía. Y menos algún poeta que quisiera competir con él.

Edgar, quien en ese momento iba por el cuarto *semillón*, lo interrumpió de pronto y lo exhortó a que se "mandara una damajuana de vino tinto". Le dijo que le hacía falta "para aclarar la voz".

Nos reímos. Yo me sumé a la "cargada", agregando que era mucho mejor una "sopa de letras" en el *Tropezón*.

Alejandra también reía. Nos conocía demasiado y callaba. Sabía que, en cualquier momento, podía girar la "cargada". Por otra parte, el diálogo había perdido su encanto. Se había convertido en una sucesión de chistes de mal gusto, pero Manuel del Cabral estaba ajeno a todo esto. No escuchaba ni miraba a nadie. Sus ojos estaban fijos en un horizonte imaginario. Y si realmente veía, sólo "veía" sus palabras, su vozarrón de clarinete. Se hallaba cómodo y como ubicado en el limbo de Dante.

A pesar de ello reaccionó y nos escuchó un instante cuando introduje el tema de la poesía afroamericana, en la que descollaba el puertorriqueño Luis Palés Matos, cuyo *Tun-tún de pasa y grifería,* escrito en 1937, daba las pautas de una modalidad no expresada hasta ese momento.

Nos escuchó, sí, pero lo destrozó a Palés Matos diciendo que la poesía del puertorriqueño era simplemente anecdótica, sin compromiso o sin intenciones de combate. En cambio, la suya propia, como podía verse en *Trópico negro,* editado en 1942, incluía una significación de combate que la convertía en una poesía comprometida.

Reconocimos que en parte era verdad lo que Manuel del Cabral afirmaba. Pero él, le dijimos, también caía en lo anecdótico. Ametralladora, oída esta reserva, ya no quiso oírnos. Estaba enojadísimo por no haberlo exaltado al primer plano. Habló como consigo mismo o como si estuviera ante un espejo, y gritó que su poesía había sido aclamada por escritores como André Gide o poetas como Gerardo Diego.

Edgar, quien ya no prestaba atención a los autoelogios del dominicano, levantó su vaso, donde apenas quedaba un resto de *semillón,* y se lo ofreció: "Saca la sed", le dijo.

Estallamos en una carcajada.

El mozo nos miró. Ese día, para nosotros, fue algo así como una fiesta de carnaval.

Al despedirnos de los amigos nos detuvimos en una librería de la calle Rivadavia. En el trayecto habíamos reiterado que nunca más aparecería el nombre de Flora en las publicaciones. Pero el *azar objetivo* nos llevó, en una de las mesas, a un *Diccionario alemán-castellano.* Lo abrí mientras Alejandra hojeaba las *Memorias* de George Sand.

A Buma también le decían *Blume* en su casa. Y *blume,* en alemán, es *flor.* Seguí hurgando para desentrañar el porqué del nombre entero en *La tierra más ajena.* Me hallé con *blühend,* floreciente, y *feversbrunst,* incendio. También se registraba la voz *bummeler,* vago. Se lo dije a ella al oído, y sonrió. Me confesó que no les gustaba a sus padres el excluirse el Flora porque ellos, al llamarla *Buma* y *Blúmele,* expresaban en idisch *Flora* y *Florcita.* No creí en esta explicación. El tema estaba resuelto, y en lo sucesivo sería Alejandra Pizarnik y no otra cosa.

Al salir de la librería, Buma me habló de George Sand. Le gustaría ser como ella, dueña de su cuerpo y de sus decisiones. Le respondí que eso era muy sencillo. Todo estaba en función de lo que se entendiera por moral. George Sand hacía lo que le dictaba su capricho. Sus excesos fueron censurados. Balzac, confudiéndola con "una cualquiera", la insultó un día.

Alejandra aclaró su posición diciendo que se había referido al manejo de su propio destino. No se casaría, por ejemplo, con una persona impuesta por los padres, sino con alguien que a su juicio fuera la *verdadera mitad* pregonada por el mito. (El tema de los seres circulares divididos por Zeus ya lo habíamos agotado en una mesa de *El Temple*. Pichon Rivière lo relacionaba caprichosamente con el comportamiento homo-lesbiano.)

Le di la razón a Buma, quien volvió a referirse a George Sand. La novelista buscaba su *mitad* que jamás halló. Se engañaba a sí misma creyendo hallarla cuando cambiaba de amante. No interesaba que fuera Chopin o cualquier otro. El cambio era esa búsqueda que no se concretaba.

Así las cosas, dije de pronto: Los poetas nunca están seguros de hallar su *verdadera mitad,* ni aun descendiendo en el infierno como Orfeo.

Alejandra respondió: Ni aun ascendiendo al cielo como Dante.

Eurídice y Beatriz fueron otros tantos temas de discusión o repaso. Todo era bueno para el diálogo. Alejandra descubría el mundo mientras yo trataba de explicarlo. A veces se invertían los papeles. Yo lo descubría y ella lo analizaba.

Buma no creía en los amores de Dante por Beatriz. Creía que era una *novela* inventada por el florentino para sus admiradores. Yo la contradecía. Pero ella respondía: ¿Por qué se casó con otra y no la buscó antes de que Beatriz muriera?

No nos pusimos de acuerdo. Esto sucedía muy a menudo. Dejábamos la discusión para otro momento que jamás llegaba. De Rivadavia nos fuimos a la calle Corrientes. Nos detuvimos en *La Paz* con dos "cafés dobles". Yo llevaba el *Altazor* de Vicente Huidobro, en la edición de 1931. Lo leímos por enésima vez. Alejandra se detuvo en la siguiente estrofa del canto I:

> *Crujen las ruedas de la tierra*
> *Y voy andando a caballo en mi muerte*
> *Voy pegado a mi muerte como un pájaro al cielo*
> *Como una flecha en el árbol que crece*
> *Como el nombre en la carta que envío*
> *Voy pegado a mi muerte*
> *Voy por la vida pegado a mi muerte*
> *Apoyado en el bastón de mi esqueleto.*

Advertí las intenciones de Alejandra y la distraje llevándola al último poema del libro para reiterarle que Oliverio Girondo, *En la masmédula* (al tiempo de leernos sus originales), se parecía al Huidobro de *Altazor*. El ejemplo se hallaba en el canto VII:

> *Aruaru*
>   *urulario*
> *Lalilá*
> *Rimbibolam lam lam*
> *Uiaya zollonario*
>   *lalilá*
> *Monlutrella monlustrella*
>   *lalolú*

Eran las jitanjáforas mucho antes de que las descubriera Alfonso Reyes. (Ahora podrían ingresar en el *signismo*.) Incluso un anticipo del *letrismo:*

> *Lalalí*
> *Io ia*
> *i i i o*
> *Ai a i ai a iii o ia*

No faltaba nada. Huidobro daba para todo. Y por aquellos tiempos, después de Góngora, el chileno era la segunda deidad. Neruda se comía las uñas de puro envidioso. Lo considerábamos un enemigo de Huidobro y un "pobrecito" al lado de César Vallejo. El vanguardismo nos tenía en estado de alerta. (¿Qué hubiera dicho Fukuyama y su *fin de la historia* de haber vivido en los años 50? Estoy seguro que hubiera decretado la muerte de la poesía. Pero ya sabemos. La poesía aplasta el apocalipsis. No hay otro *fin* que la incesante creación.)

Para peor, dentro del *Altazor* yo llevaba una tabla de las penas en el *Infierno* de Dante. La consultamos para "ubicar" a Neruda y a todos aquellos que mencionábamos en la conversación. Era un juego arbitrario, pero divertido. A Neruda lo metimos en la *fosa 6* del círculo VIII, donde los *hipócritas* padecían bajo pesadas *capas de plomo*. Entre los personajes se mencionaba a Loderingo y a Caifás. Todo esto estaba en el canto XXII.

George Sand fue a parar al círculo II, donde los lujuriosos eran arrastrados en remolino por un huracán de fuego que los llevaba y traía hasta golpearlos en infinitas caídas. En ese círculo penaban Francesca da Rimini y Paolo Malatesta sin merecerlo, condenados por el pudor de Dante. Podríamos incluir a George Sand, pero no a Francesca y

116

Paolo que sólo se amaron sin excederse. Alejandra y yo éramos de esta opinión.

Jugábamos, indudablemente, a las significaciones. Y de esta manera fijábamos algunos conocimientos.

Con la tabla dantesca repasamos los castigos del círculo VIII: los *aduladores* estaban sumergidos en el estiércol *(fosa 2)*. Los *simoníacos,* enterrados cabeza abajo con los pies envueltos en llamas *(fosa 3).* Los *magos* y *adivinos* caminaban hacia atrás con la cabeza dada vuelta *(fosa 4).* Los *consejeros fraudulentos* giraban envueltos en llamas *(fosa 8).* Aquí penaban Ulises, Diomedes y Guido da Montefeltro.

Abandonamos la lectura en el círculo IX dedicado a los traidores. Nos afligía la tragedia del conde Ugolino y sus hijos, encerrados en la Torre de Pisa, donde todos murieron de hambre:

> *Poscia, più che'l dolor pote'l digiuno*
> *(Después, más que el dolor pudo el hambre.)*

Yo anticipé la tesis de que muertos sus hijos por el hambre, el conde Ugolino los devoró para sobrevivir, y aun así también fue víctima del hambre. Me basaba en el ofrecimiento de sus propios hijos:

> *'Padre, assai ci fia men doglia*
> *se tu mangi di noi: tu ne vestisti*
> *queste misere carni, e tu le spoglia'.*

> *(Padre, será para nosotros menos triste*
> *que comas nuestra carne miserable,*
> *puesto que tú nos la diste y te pertenece).*

Si así no fuera, ¿por qué iba Dante a poner en boca de los hijos tan terrible exhortación?

117

No quisimos seguir, la lectura se nos estaba metiendo en la sangre. Sólo queríamos jugar: adjudicar significaciones, aunque fueran arbitrarias, de las que quedaban excluidos Vicente Huidobro y César Vallejo.

EL OTRO INFIERNO

Lo busqué en todas partes. Es una
circunferencia, me dijeron. Una cir-
cunferencia cuya puerta mira hacia
adentro. ¿Qué quiso decir el desconoci-
do? Busqué la puerta. ¿Cuál era el
punto de la circunferencia donde co-
menzaba esa entrada? ¿Dónde estaba el
infierno? Nadie lo sabe, dijo el descono-
cido. Pero el infierno existe. Es como la
poesía. ¿Quién la vio? Sin embargo
existe.

Araaljib (Cuaderno I).

A veces, a falta de dinero, caminábamos. Nos demorábamos en las exposiciones de Van Riel, en la calle Florida,
o leíamos "de ojito" en la librería de Gattegno. Después
volvíamos a la plaza San Martín para "respirar un poco de
oxígeno", y retomábamos el mismo camino con destino a
Verbum y seguir con las "lecturas de ojito" antes de que la
tarde se agotara.

No nos faltaba para un café en el bar, o para algo más
en el *Madrid*. Aquí tenía crédito. Podía cumplir al día
siguiente o cuando fuere. Alejandra era muy corta, demasiado tímida. No le gustaba entrar en los bares si previamente no preguntaba por el dinero que llevaba. Incluso,
cuando se dirigía al mozo me miraba significativamente
para obtener otra mirada igual en sentido de que podía
pedirlo. Entre ella y yo nos manejábamos telepáticamente.

En *Verbum*, quizás para que nos fuéramos rápidamente,
González nos obsequió un libro casi desintegrado, con al-

119

gunos cuadernillos apenas legibles. Sus autores desarrollaban el tema del infierno en la literatura y la doctrina de los teólogos. No me gustó el obsequio. Pero el libro nos cubrió el espacio de ese día. Fuimos al *Madrid*. Pedimos café con leche, con pan, manteca y dulce, que constituyó nuestra cena, y comenzamos a leer el libro.

El tema del infierno le era muy grato a Buma. Se sumaba al elenco de otros temas que la fascinaban: el doble, la muerte, el suicidio, los fantasmas. Yo trataba de evitarlos por la impresión que causaban en ella. Pero esos temas nos perseguían. Venían a nosotros a pesar de mi estado de alerta. Alejandra se regocijaba. Después sobrevenía su depresión y su ciclotimia.

El libro no tenía tapa. Le faltaba el título. No le dimos importancia. Lo primero que leímos fue una referencia a la *Epopeya de Gilgamesh,* en la que un monstruo le dice a Enkidu:

> *Sígueme a la casa en que se entra sin esperanza de salir de ella.*

Nos miramos con Alejandra. El *Madrid* se halla al lado del edificio en el que tengo mi Estudio. Subí y bajé con la *Divina comedia,* en una edición que yo tenía en italiano con el comentario de Scartazzini. Leíamos lo que decía Dante:

> *Per me si va nella citta dolente*
> *(...)*
> *Lasciate ogni speranza, voi ch'entrate.*

Esta era la inscripción que halló Dante en la puerta del Infierno. Con tres mil años de diferencia, ambas obras decían lo mismo.

De esa coincidencia pasamos a filosofar sobre el infierno. La vida, decíamos, y Alejandra lo afirmaba llena de fervor, es una dura batalla por la supervivencia. Y esa batalla era el mismo infierno. La representación de una tortura diabólica. La falta de dinero, en ese momento, nos llevaba a este pesimismo. Todo era incierto. Todo negro. La vida era una noche inacabable, llena de pesadillas, que terminaba con la muerte, la otra puerta que se abría al nacer.

A pesar de este pesimismo, nos reíamos en algún momento. El libro nos facilitó otra visión infernal que confirmó nuestros argumentos: la que se refería a los suplicios de Tityos, Tántalo y Sísifo. Al primero dos buitres le desgarraban el hígado y le revolvían las entrañas. ¿No era ésta la dura lucha contra las vicisitudes? A Tántalo, condenado a estar de pie en un lago, el agua le subía hasta tocarle el mentón. Y éste, sediento, cada vez que inclinaba la cabeza para beberla, el líquido desaparecía. Era la batalla contra la adversidad. Alejandra argumentó que se trataba de una lucha contra la frustración.

Con Sísifo, pugnando por llevar hacia la cima de la montaña una enorme roca, que retrocedía o caía desde la cumbre, para obligarlo a realizar eternamente la misma acción. Para mí era el heroísmo y la vocación. En algún momento, Sísifo colocará la mole en la cima de la montaña y habrá triunfado. Alejandra rechazó esta significación para decir que la repetición era fatal, y que Sísifo era el símbolo de un fracaso. De un eterno fracaso.

Hasta aquí todo fue un juego de interpretaciones que nos servían para fijar conocimientos. Pero de pronto dimos con un fragmento del canto II de *Maldoror:*

El Creador en un trono levantado sobre los excrementos y el oro, y sus pies hundidos en un inmenso mar de sangre, royendo o devorando la cabeza de los condenados.
Y cuando esto se agotaba, extraía con las dos pri-

121

meras garras del pie a otro condenado, y se repetía
el suplicio devorándolo desde la cabeza.

Alejandra dijo que era una locura el adjudicarle al Creador esas acciones. Justificó a los que acusaban de blasfemo a Lautréamont. Que lo hubiera hecho el Diablo, estaría bien. Pero que la acción partiera del mismo Creador, era exagerado, porque ¿dónde quedaba aquello de que El había hecho al hombre a su imagen y semejanza? ¿Se podría ser tan cruel ante la propia obra? Todo esto, agregó, era un contrasentido.

Yo expuse mi opinión. Lautréamont no había querido emitir un juicio sobre dios, sino sobre el Cronos de la mitología, que devoraba a sus hijos. Esa sería la verdadera interpretación que excluía a Lautréamont de la acusación de blasfemo.

Alejandra admitió esta explicación que no excluía una interpretación del infierno.

La vida, por lo tanto, era un infierno. El tema nos llevó a cualquier absurdo. Todo pasaba por el mismo significado. Alejandra fue la primera en mezclar los simbolismos. La madre, la casa, la batalla por publicar, los escritores, la totalidad del mundo era un conjunto de llamas que succionaban al ser. Sin embargo, a pesar de este pesimismo, manifestó ingenuamente que no quería ir al infierno.

Yo, ironizando, expresé que sería hermoso un nuevo descenso en las regiones infernales para relevar los nuevos castigos, aquellos que ya debían haberse instituido después de Virgilio y Dante, o del mismo Mahoma, según lo había relatado Ibn Arabi mucho antes de que se escribiera la *Divina comedia.*

De ironía en ironía nos propusimos idear una nueva serie de castigos para enmendarle la plana a estos próceres de la literatura. Una serie de castigos donde no se excediera en la crueldad, sino en la esencia del pecado. Porque Dante, indudablemente, en más de un caso, se había excedido, a tal punto de que la justicia, al quebrantar la equidad, quedaba disminuida o en calidad de arbitraria. Si la *justicia* debía ser *justa*, como lo decía su propio significado, ¿a qué se debía el exceso del castigo en relación con el pecado cometido? La justicia, en este caso, al incurrir en exceso, dejaba de ser justa para pasar a una dimensión de pecadora. Entonces la justicia misma debía ser *ajusticiada*. Castigada por haber quebrantado su esencia.

A la promesa de idear un infierno con justos castigos, se nos ocurrió hacer un estudio detallado de cada castigo en particular descripto por el Alighieri. Un estudio que analizara las fallas de crueldad en relación con el hecho. Y, al mismo tiempo, el modo de atemperar esa crueldad para fijarla en su peso estricto de corrección.

Desvariábamos, porque siempre teníamos un proyecto fascinante que al día siguiente pasaba a mejor vida. O como decía Cervantes, quedaba en agua de borrajas. Esto sucedió con los castigos del infierno. Sobre cada proyecto se erguía otra urgencia que nos arrastraba.

EL SOL NEGRO DE LA
MELANCOLÍA

Pasar de un tema a otro fue algo así como nuestra segunda naturaleza. Impacientes por conocer todo cuanto se escribía, no reparábamos en los métodos. Pasábamos de un Hölderlin o un Paul Eluard a un poeta de ínfima calidad. O de un Poe y un Joyce a un novelista lamentable. Buma y yo éramos la anarquía, la reencarnación de antiguos avatares que se estrellaban en la ansiedad.

Algunos temas, sin embargo, eran recurrentes. Volvían como las lluvias del verano o como las tinieblas cuando la noche se precipitaba desde los espacios siderales. Pero allí estábamos nosotros con el ser desnudo y anhelante, buscando la clave o el sello que ocultaba los enigmas.

Cierto día, releyendo por enésima vez *El desdichado,* de Gerard de Nerval, uno de los doce sonetos herméticos de *Les Chimeres,* publicado en 1853, nos propusimos profundizar el tema de los dos últimos versos del primer cuarteto:

Muerta está mi única estrella, y mi constelado laúd
Luce el Sol negro de la Melancolía.

El soneto estaba inspirado en el célebre grabado de Durero, realizado en 1514, en cuya parte superior se lee la palabra *Melancolía.* La obra contiene un cuadrado de *números mágicos* que sumados da siempre 34, el número para combatir la nostalgia.

Alejandra, excitadísima, trazó el *cuadrado mágico,* mientras yo le dictaba, ayudado por la bibliografía, los números para obtener el resultado de 34, sumando verticalmente, horizontalmente o en diagonal:

16	3	2	13
5	10	11	8
9	6	7	12
4	15	14	1

El cuadrado puede dividirse en cuatro cuadrados que también sumarán 34. Tomemos uno de ellos por ejemplo, el de los números 16, 3, 5, 10. La suma da 34. Y así los otros, incluso si hacemos lo mismo con el cuadrado del centro que nos da 10, 11, 6, 7. Sumados nuevamente, obtendremos el 34.

También llegamos a 34 sumando los números esquineros: 16, 13, 4, 1. Es decir, 34. O sumando los números laterales de las segundas y terceras casillas: 5, 9, 8, 12, igual a 34. O bien los dos del medio de arriba y los dos del medio de abajo: 3, 2, 15, 14, que da el mismo resultado. La simetría es perfecta en cualquiera de los laterales. Si agrupamos los dos de la izquierda arriba (16 y 3) y los dos de la derecha abajo (14 y 1), obtendremos 34. Y siempre así con otras combinaciones.

Los números 15 y 14, abajo, nos dan el año 1514, fecha de la obra del Durero.

Este *cuadrado mágico,* grabado en oro y colgado a cuello, según Haushofer, sirve de talismán para combatir la nostalgia y ahuyentar la adversidad.

Buma, toda embobada, expresó que le iba a pedir a su padre la realización de este talismán. Lo consideraba imprescindible para "mejorar anímicamente". Decía que estaba "enyetada" y que las amigas "conspiraban" contra ella. Y en este punto repetía las peripecias y las intrigas de la Escuela del Periodismo.

Lo que para mí era un juego, un juego fantástico que nos hacía pensar en una magia primitiva, para Alejandra era una formulación profunda, extraída de fuerzas ocultas que resolvían el destino del hombre.

Volvimos, por lo tanto, al poema de Gerard de Nerval. La *Estrella* del tercer verso *(Muerta está mi única estrella),* estaría indicando a Jenny Colon, la actriz que amó al poeta, o la *mujer,* ese ser puro que para Dante era la mediadora entre el hombre y la divinidad. También podría llevarnos a las *Estrellas,* el arcano XVII del Tarot, en el que una muchacha desnuda vierte en el arroyo las aguas de la vida, mientras en el cielo brilla la Estrella de los magos, rodeada por 7 estrellas menores que iluminan la Tierra.

En este arcano mayor hay un ave que es el *ibis del pensamiento,* el cual vibra bajo las estrellas que simbolizan la energía cósmica. Todo esto, interpretando *El desdichado,* lo había perdido Gerard de Nerval, quien ya solo y con la razón extraviada, deambulaba por las calles de París tirando de una langosta atada a un hilo.

También significaba que Gerard de Nerval había perdido el optimismo, y la esperanza. Que ahora le era adverso el amor y la fe le era extraña. Había perdido todo lo que amaba. Su Estrella se había convertido en el *Sol negro de la Melancolía,* ese Sol del inmortal grabado del Durero que tanto valía para combatir la nostalgia como para hundirse en la desesperanza.

Dice el poeta en el último terceto:

> *Y dos veces victorioso he cruzado el Aquerón:*
> *Haciendo sonar alternativamente en la lira de Orfeo*
> *Los suspiros de la Santa y los gritos del Hada.*

Es decir que dos veces regresó de la muerte cruzando el Aquerón, el río del infierno, para concretar en el poema los gritos del hada Melusina que anunciaban la desgracia. Desdichado Nerval y desdichado ese Sol Negro que eyectaba las tinieblas que lo envolvían.

Nuestra exégesis estaba en función directa con la vida trágica del poeta. No había para nosotros otra interpretación. Lo inconveniente de todo esto es que nuestra lectura impactaba en Alejandra. De su deseo de un talismán con el *cuadrado mágico,* pasó a un estado depresivo que no duró mucho, pero la angustió a punto tal que cerró los libros para dar por terminado el tema. Se recuperó con algún esfuerzo y resolvimos ir al cine para ver *dibujos animados.*

El día, sin embargo, no había terminado para nosotros. Habíamos "estudiado" a Gerard de Nerval. Teníamos que completar un trabajo sobre Lautréamont y otro sobre el paralelismo del *Ulises* de Joyce con la *Odisea,* ese paralelismo del que dudábamos a pesar de la ingente bibliografía que lo demostraba.

Pero del *Ulises,* fieles a nuestra anarquía, pasamos al *Finnegans Wake* para detenernos en esa caída mortal del protagonista que Joyce resuelve con una extraña onomatopeya de 70 letras.

bababadalgharaghtakamminarronnkennbronntonnerronn-
tuonnthunntrovarrhounawnskawntoohoohooedenenthurnuk!

Finnegan resucita en el cuerpo del borracho Earwicker. Le gusta "chupar" como a Gerard de Nerval. Pero éste morirá sin retornar a la vida como aquél. Es verdad que cruzará dos veces el Aquerón. Pero en las dos veces estará muerto. No vivirá como Finnegan. Pero será superior a Finnegan porque Nerval vendrá del infierno para cantar o convertirse en el hada Melusina, la única que predicará la desesperanza y el odio.

Narval no tendrá una Ana Livia Plurabelle. No tendrá el río Liffey que cruza por Dublín. Pero tendrá a Jenny Colón y el teatro donde la vida transcurre como un río alucinado. Donde la vida y la muerte se transfiguran en palabras que abren y cierran la llegada del ser a este mundo.

JOYCE Y LA MUJER LEONADA

¡Quiero saber todo lo de Ana Livia! ¡Y
bien! ¿Tú conoces a Ana Livia? Estoy
segura que todo el mundo conoce a Ana
Livia. Dímelo todo, dímelo rápido.
Joyce: *Finnegans Wake (Anna Livia*
Plurabelle, Primer frag. en Philippe
Soupault: *Souvenirs de James Joyce,*
Algiers, Charlot, 1945).

A mulher do fim do mundo
Dá de comer às roseiras,
Dá de beber às estátuas,
Dá de sonhar aos poetas.
Murilo Mendes: *O visionario* (1941)

Entonces sentí a la señora Memoria
Responder y meter en su armario
A sus especies colaterales.
F. Villon: *Les lais* (XXXVI, 54, vv. 8-9).

El 12 de octubre de 1955, en la sala del *Teatro Mariano*
Moreno (Santiago del Estero 1243), Bernardo Graiver puso
en escena *La Esfinge,* un *misterio dramático* con el que me
iniciaba en el teatro. Era la época en que yo, con conocimiento de Ionesco, traducía su farsidrama *La lección,* que
sería dirigida y puesta por Francisco Javier en el Festival
de Arte Dramático de Mar del Plata, en 1956.

Junto con mi obra que contaba con la escenografía de
Juan Batlle Planas, también se ofrecían *El tesoro,* de Rafael
Insausti, y *Adiós a Lima,* de Juan José Berón.

Para esa época, Alejandra ya estaba enterada de que *La Esfinge* se había inspirado en nuestras relaciones. Ella era la Esfinge del misterio dramático, la que formulaba los enigmas con voz leonada. Se desdoblaba en Filoxena, un segundo personaje que completaba la ambigüedad del primero.

En la nota que precedía al programa, yo mismo, en una cita apócrifa, decía que el nombre de la Esfinge era el de *Bh'm-a,* alusión directa a su apelativo de Buma. Transcribo esa parte del programa:

> *"Según la Hypnerotomachia populi* (II, 58), *la Esfinge tenía un rostro con dos bocas. Por su segunda boca, apenas perceptible, formulaba los enigmas y petrificaba a los seres y las cosas. Su nombre, entonces, era el de Bh'm-a, que quiere decir mujer leonada en cuya voz todo se endurece.*
>
> *J.-J. B."*

Había 4 personajes y cinco voces en *off. La Esfinge* era interpretada por Celina Haydée Uralde. *Don Juan,* por Arsenio Martínez Gavé (Arsenio Martínez Allende). *El Carcelero,* por Adolfo Piazza. *Filoxena,* por Martha de Oribe.

Alejandra y yo, entre el público no muy numeroso de la platea, asistimos a la representación para reconocernos, especialmente, en cada uno de los personajes. Más que la escena en sí misma, nos importaba el diálogo por las sutiles alusiones a nuestro comportamiento, dilógico en Alejandra, y prepotente en mí.

Alejandra vestía un traje sastre de color gris, que le caía muy por debajo de las rodillas. Su peinado, alargado hacia atrás, con raya al medio y una onda sobre el parietal derecho, le daba un aspecto fascinante. Siguió la obra en perfecto silencio, y cuando se oscureció el escenario y se cerró el cortinado indicando el fin, me dijo al oído: *"Ni el carcelero te aguantaba".* Nos reímos.

El público aplaudió a los actores. Bernardo Graiver aprovechó la ocasión para salir al escenario, hablar brevemente de la obra y los actores e invitar al público a su Escuela Dramática de las Nuevas Realidades.

Cuando el público desalojó la sala, un fotógrafo nos inmovilizó a todos en el mismo tablado en que había transcurrido el misterio dramático. En la foto aparece Alejandra tomándome del brazo.

Nosotros, a su vez, con Arsenio Martínez Allende y Danny Redians (el primero, casado después con Ester Paltrinieri, se suicidó muy joven) festejamos el acontecimiento en un restaurante de la calle Paraná, entre Corrientes y Sarmiento. Allí Martínez Allende definió su personaje de Don Juan como una fatalidad entre la Esfinge, siempre al acecho, y Filoxena que domina pero rechaza el amor que ambiciona. Es un Don Juan que se debate ante la ambivalencia de una mujer indefinible.Algo distinto del arquetipo tradicional. Un ser en quien la conquista es la otra cara del fracaso.

Arsenio seguía analizando su propio personaje, mientras Alejandra me miraba significativamente y yo sonreía sin oponerme a su juicio. ¿A qué discutir ahora si se trataba de festejar la puesta en escena? Por otra parte, la interpretación era válida. Esa era la síntesis que yo, con alguna variante, había desarrollado en los ensayos previos para caracterizar a los personajes.

Alejandra, de buen humor, dijo que en cualquier momento le pediría a Graiver que la dejara hacer el papel de Filoxena. Le gustaba el carácter indefinido o ambiguo del personaje, porque según ella la ponía a cubierto de fuerzas inexplicables que sólo buscaban el avasallamiento.

Nos miramos. Alejandra se había convertido en una entendida en piezas teatrales. Arsenio y Danny Redians la invitaron a ensayar con ellos en otras obras que estaban proyectando. El festejo daba para todo. Las ilusiones bailaban en los ojos como Arlequín cuando ofrecía sus inexistentes millones a Colombina.

Ya era muy tarde. Alejandra y yo nos fuimos al Estudio. Hacía frío. Le di mi saco para que se cubriera, y calenté el agua para preparar el café.

En la estantería tenía un libro sobre Gustave Moreau, en el que no faltaba la reproducción de *Edipo y la Esfinge*. Alejandra me habló de esa pintura mientas yo seguía con el preparado. Opinaba que Bernardo Graiver debió incluirla en el programa del misterio dramático. No respondí. Seguí con mi tarea.

El café nos serviría para combatir el frío de la madrugada. Pero Alejandra volvió a Gustave Moreau. Esta vez el tema recayó en otras obras del pintor: *El adolescente y la muerte* y *El poeta muerto llevado por un centauro*.

Advertí el peligro de *reversibilidad*, muy frecuente en ella, y le propuse que tradujéramos los fragmentos de *Anna Livia Plurabelle*, del *Finnegans Wake*, de Joyce, vertidos al francés por Philippe Soupault en *Souvenirs de James Joyce*, un libro de 1945, editado por *Editions Edmond Charlot*, que yo guardaba como una reliquia.

Alejandra pronunció un *sí* demasiado neutro. Joyce la aburría. Yo aproveché la indecisión para hacer un poco de historia.

La versión de Soupault databa de 1930. Se había llevado a cabo en la casa de Paul L. León, mientras éste leía el texto inglés y el mismo Joyce, presente en el acto, fumaba sus *Marylands*. Se trataba del capítulo referido a la fundación de Dublín. Ana Livia Plurabel era el río Liffey, en cuya ribera dos lavanderas relatan la historia y la leyenda de este torrente caudaloso. El río se alarga, se prolonga en tanto el relato también avanza como el río. Al final, después de una jornada, el río se estrecha, y las dos mujeres pueden dialogar sobre toda clase de incógnitas.

Tomé el libro de Soupault y traduje en voz alta: Después *"La noche cae. Las lavanderas se pierden en la oscuridad: una se transfigura en piedra y la otra en árbol"*. Joyce, decía Soupault, *"ha querido, con una intransigencia absoluta, fundir la lengua con el pensamiento"*. Y también: *"El no abandonaba jamás una palabra a sí misma, sino que se esforzaba siempre en darle una vida conforme a su destino"*.

Serví el café y seguí hablando de las etimologías del Liffey recreadas por Joyce. Alejandra, sonriendo, entre seria y humorística, me preguntó si estaba dando otra clase en la Escuela del Periodismo. Yo también reí. Había logrado que no cayera en su temible *reversibilidad*.

Del *Finnegans Wake* pasamos al *Ulises* y a las opiniones negativas de C. G. Jung *(¿Quién es Ulises?)* sobre este libro. Reconocía la importancia de la obra, pero lo criticaba *(contradictio in adjecto)* porque en su prosa, según él, no había ni un arriba ni un abajo. Ni un antes ni un después. La consideraba tediosa, hasta tal punto que leyéndola se quedó dormido en la página 135. Para hacerse perdonar esta revelación, expresó que la fabulosa diversidad de su estilo, producía "un efecto monótono e hipnótico".

Erigido en crítico, Jung decía que el *Ulises* era un libro de "puras nadas" con personajes gasiformes. Lo elogiaba en muchos aspectos, pero estábamos furiosos por el tono paternalista y de diatriba que estaban implícitos en el juicio.

Algunos críticos argentinos no fueron menos despiadados. Leonardo Castellani que utilizaba el seudónimo de *Jerónimo del Rey,* impugnaba el *Ulises* desde todo punto de vista. El *monólogo interior* con que termina el libro, era para él "un horrendo monólogo de 50 páginas que traduce *los pensamientos libidinosos y cretinos de una mujer parecida a él* —es decir, al propio Joyce— *tan sucios que parece exactamente un W. C. del Ferrocarril Central Argentino con letreritos y todo"*.

Seguimos escarbando juicios y nos "detuvimos" en el ensayo de Varley Larbaud, el traductor al francés del *Ulises*, especialmente en los párrafos de su paralelismo con la *Odisea*. Nos gustó a medias. Sólo había algo innegable. James Joyce era entonces la figura más importante de la literatura. El *Ulises* era una obra revolucionaria. El hito para establecer el "antes y después". La historia diría lo demás.

Habíamos repetido el café, y Alejandra ya no tenía frío. Tampoco teníamos sueño. Esto nos llevó a la lectura de la brillante sentencia del juez John M. Woolsey, quien dejó sin efecto la prohibición de la venta del libro en Nueva York, el 6 de diciembre de 1933.

No había obscenidad, dijo el juez: "Las palabras tildadas de sucias son viejos términos sajones, conocidos por casi todos los hombres y, me arriesgo a decir, por muchas mujeres, y son las palabras que emplearía naturalmente y habitualmente, creo yo, la clase de gente cuya vida física y mental Joyce está tratando de describir".

De acuerdo con esto, Molly Bloom quedaba absuelta de todos sus pensamientos "pecaminosos". De esos que le recordaban la aventura sexual de sus tíos.

Volvimos a reírnos. ¿Qué diría de esta sentencia el mismo Castellani? Para él se trataba de un libro *"reservado a los museos de la teratología literaria"*, en la que incluía *La lozana andaluza*, de Francisco Delicado, y el *Satyricón*, de Petronio.

La vitalidad del *Ulises* rompía las barreras. Hacía saltar los puentes. Borges la ratificaba. Era la época del vanguardismo, cuando adheríamos al surrealismo y a los experimentos desorbitados del lenguaje. Las palabras valían por sí mismas, como objetos específicos y no por su relación con otras palabras.

Al significado de *representación* oponíamos el de *presentación*. Esto es lo que pretendía Joyce en el *Ulises*. Lo llevó al máximo en el *Finnegans Wake*. Ahora, en el *posmodernismo, ¿*podríamos seguir con esta postura? Creo que sí. Con ésta y con otra que le fuera adversa, porque el posmodernismo es un basural donde entra lo bueno y lo malo, lo avanzado y lo viejo. Un contubernio que no se atreve a crear la exaltación.

Nuevamente café. Era nuestra droga. Nuestros ingentes diálogos necesitan de este estímulo. Lo reiterábamos ritualmente, como Balzac cuando escribía. Cada taza era el comienzo de un "nuevo capítulo" y otra "vuelta de tuerca".

Sucedía a veces que Alejandra le declaraba la guerra al café. No lo probaba en días y semanas. Entonces recurríamos al mate. Cuando se lo contábamos a Edgar Bayley, nos miraba con sorna. No concebía, por otra parte, que yo, tan afecto como él a la bebida, pudiera dedicarme a ese "líquido inmundo llamado café". Entre chiste y chiste afirmaba que el amor "distorsionaba la mente". Y parodiando una frase conocida, concluía en que ningún bebedor de café alcanzaba la dignidad de poeta. El vino era el único brebaje de la creación.

Si eso era cierto, el Innominado estaba borracho cuando creó la primera pareja o al menos este mundo lleno de contradicciones. Esto fue lo que dijo Alejandra:

"Seguimos con el tema de Joyce. Finnegans también se emborrachaba con café junto al río Liffey. Ana Livia Plurabel se alimentaba del sobrante que quedaba en las tazas".

LA VALIJA DE LA DISCORDIA

*A la hora violeta, cuando los ojos y la
espalda se vuelven hacia arriba (...)
cuando el motor humano espera como
un taxi que palpita esperando, yo,
Tiresias, aunque ciego, palpitando entre dos vidas, anciano con arrugados
pechos femeninos, veo a la hora violeta,
la hora del atardecer que se esfuerza
para volver a casa (...).*

T. S. Elliot: *La tierra baldía*
(vv. 210-21).

*Entre sí lidiaron
sobre campañas de vidrio
las tropas de las estrellas,
las escuadras de los signos,
acometiéndose airadas
y ensangrentándose a visos.*

Calderón de la Barca:
La hija del aire (1653).

Corría el mes de noviembre de 1955, y era la hora 19.
Las sombras jugaban en la calle contra las luces de las
vidrieras, y los hombres pasaban silenciosos rumbo a las
estaciones. Yo estaba en el *Montecarlo* de Marcelo T. de
Alvear (antes Charcas) y San Martín, corrigiendo mi versión
de *La lección,* de Ionesco, cuando de pronto vi llegar, an-
gustiada, respirando con dificultad, a Alejandra. Venía con
una pequeña valija y vestía como en el día del estreno de

137

La Esfinge.

Se sentó estrepitosamente a mi lado, y abrió la valija para que yo verificara el contenido. Había un par de prendas íntimas, una falda, tres pañuelos, tres *La tierra más ajena,* algunos borradores y papeles en blanco.

No entendí nada. La miré un instante y ella respondió con una mueca. O al menos, con una sonrisa que más parecía una arruga que otra cosa.

"Quiero casarme", dijo con voz un tanto ronca, como si estuviera representando una escena.

Tampoco entendí. Advertí que la nerviosidad de Alejandra y su mala respiración, consecuencia, en ese instante, del asma, le impedían expresarse con fluidez.

Traté de calmarla, y volviendo al tema de la valija, me explicó que se había ido de la casa tras una discusión violenta con la madre:

"Nos dijimos de todo".

Agregó las terribles palabras que se habían intercambiado: mala hija, mujer de la calle, la culpa es mía. Entonces tuve clara la situación. Alejandra intuyó lo que yo pensaba. No me dejó hablar.

"La vieja ya me había dicho en otra ocasión que me casara con vos".

La miré en silencio.

Su voz monótona repitió las primeras palabras.

"Quiero casarme mañana mismo. No aguanto más".

Como no le contestaba, dijo que dormiría todos los días en el Estudio. Esa sería su nueva casa.

La dejé hablar un instante. Alejandra, exaltada, monologaba. Cambiaba de tono y se interrogaba a sí misma. Hubiera hecho el monólogo del *Hamlet* con mayor eficacia que Lawrence Olivier. Cuando ella tuvo conciencia de su "fuera de sí", esperó ansiosa mis palabras. Me miraba como si estuviera en un patíbulo.

Le pregunté si había enloquecido y si una pelea con la

madre era motivo suficiente para una decisión tan fulminante. Insistió en que quería casarse. Y el verbo era éste. Casarse por que sí y contra todo. "Su vida" era de ella, y "su cuerpo" era el suyo, el de ella. Ella, por lo tanto, era la "dueña de decidir"'. Nadie podía interferir en sus decisiones. Ni su madre, ni su padre, ni el infierno.

Su lógica chocaba contra mi asombro. Yo estaba, en ese momento, como enfrentado conmigo mismo, o como quien está arrinconado en el ring y trata de eludir los golpes. Mi adversario era impredecible.

Le respondí que nadie se casa en 24 horas, sin habilitación adecuada, sin muebles, sin trámites. Le dije que esa decisión era una locura. No bastaba la palabra amor ni ninguna otra que la sustituyera. Lo que importaba es qué cosa había detrás de las palabras. Detrás de las decisiones y detrás de las acciones.

Alejandra insistía. Advertía mi rechazo y defendía su punto de vista. Admitió, incluso, una unión informal, que ya de hecho existía, hasta que todo se encaminara.

Le contesté que debía serenarse. Estas cosas, le dije, no pueden hacerse unilateralmente. Todo es hermoso. Todo es maravilloso. Los problemas, sin embargo, incluidos los económicos, surgirían de inmediato. El paraíso se convertiría en el infierno de dos que no fueron capaces de meditar sin apasionamiento.

Alejandra quiso entenderme, pero no pudo. No reflexionaba. Reafirmó que su vida le pertenecía, y que la decisión formaba parte de esa vida.

Esta vez no contesté y llamé al mozo. Aboné, tomé la valija y le dije a Alejandra que me siguiera. "¿Qué vas a hacer?", me preguntó, llena de ansiedad.

No le respondí. Nos metimos en un bar de Corrientes y Maipú, y seguimos la discusión. Volvimos a decirnos lo mismo en otros términos. Es como si hubiéramos ideado un nuevo diccionario de sinónimos y frases hechas.

Una hora después estábamos en *La Paz*. Alejandra pidió un té y un tostado. Yo, un café doble y un coñac. El frío de la medianoche ya comenzaba a insinuarse. Alejandra dio un mordiscón al tostado y lo dejó tal cual. Las palabras pesaban más que el hambre. El verbo "casarse" ya era un estribillo sin sentido. Una dicción vacía.

Salimos. Nos fuimos a otro bar de la Avenida de Mayo. La valija iba con nosotros como un ser extraño, como un tercero en disidencia. Algo así como un extraterrestre llegado de la galaxia más lejana.

En *El Molino* seguimos con el mismo tema. Ella, buscando soluciones. Yo, en una negativa con "espera", y la valija recibiendo nuestro diálogo, pegada a nuestra mesa como un bostezo.

Nos veían hablar en secreto, casi inaudibles. Algunos, mirando la valija (yo les leía la mirada), nos daban por forasteros que esperábamos las luces del día para dirigirnos a un lugar remoto. Acaso una pareja llegada de un mundo lejano.

Todo era posible y aleatorio.

No nos poníamos de acuerdo. Ella, que sí. Yo, que debíamos meditarlo. Nos fuimos también de *El Molino*. La gente ya nos miraba demasiado. Eramos como dos perros hidrófobos que no ladraban, pero que estaban dispuestos a la dentellada.

En la esquina de Callao y Rivadavia hice subir a Alejandra al primer taxi que desocupaba un pasajero. Puse la valija a su lado, como un tabique divisorio. Ella me miró. Quiso saber con la mirada a dónde la llevaba. Sólo atiné a darle al chofer la dirección de Avellaneda. Alejandra protestó. Hizo ademán de bajarse. Yo la contuve sujetándola por la cintura. El taxi había emprendido su marcha veloz hacia el sur. El chofer, sin embargo, al advertir que algo extraño estaba sucediendo a sus espaldas, nos preguntó si queríamos bajar. Le dije que no, que no sucedía nada. Alejandra lloraba.

Bajamos en Avellaneda, junto a un bar. Nos introdujimos en él con la valija, como si nuestras vidas estuvieran condenadas a un laberinto inacabable de mesas desvencijadas e insomnes.

Reabrimos la discusión. Los códigos que manejábamos eran los mismos. Los sinónimos repetían el mismo estribillo. Alejandra, que sí, que su cuerpo, que su vida, que su decisión. Yo, que aún, que no obstante, que sin embargo. Hablábamos y reiterábamos distintas lenguas extrañas. Eramos dos extraterrestres con una valija pensativa que, a su modo, también vociferaba, formando parte de nuestro desencuentro. Era un ser que ya nos hablaba desde su propia mudez de cuero.

La madrugada avanzaba y la luna era una voz imperceptible no menos discordante que se diluía a la distancia. No había estrellas, o no las veíamos. El mundo era una palabra. Una palabra impensada, llena de misterio.

Los bares se sucedían como una maldición. Cambiábamos de lugar en cuanto observábamos que nos miraban. Los ojos nos perseguían. Nos acusaban.

La valija iba con nosotros como un aliento pegado al enigma.

De uno de esos bares huyó de pronto Alejandra para parar un taxi. La alcancé en la acera, y tomándola de una mano la llevé violentamente a la mesa donde había quedado el café servido y la valija junto a las sillas. En ese instante vino el mozo. Lo tranquilicé.

Alejandra respiraba mal. Hablaba con voz entrecortada. Yo tenía saridón en el bolsillo. Le alcancé un comprimido que ella tomó automáticamente. Me pidió que regresáramos. Que la llevara al Estudio. Me hice el sordo. Anímicamente yo estaba peor que ella.

"No voy a mi casa", me dijo. "Voy a dormir en la calle".

"Yo dormiré contigo", le respondí.

"Verás si no lo hago", insistió.

"Verás si no lo hago", repetí yo como un eco, simulando una entereza que en realidad no tenía.

Alejandra se echó a llorar por segunda vez. Para tranquilizarla y resolver esa locura, le pedí unos días. Un breve tiempo para pensarlo mejor. Alejandra se negó.

"Ahora o nunca".

Permanecí en silencio.

"Ahora o nunca", volvió a decir.

Yo había perdido el habla. Su tozudez me tenía acorralado. Era un mosquito en una campana de cristal. Estaba encerrado. No había duda. Perdido en una respuesta que se diluía en la garganta.

Algo dijo ella en ese instante. No alcancé a entenderla. Pero me rehíce y le enrostré que una discusión con la madre no podía prohijar el deseo de casarse. Ella, firme en su insistencia, expresó que era yo el que le daba esa interpretación. Que yo era el de las excusas y que además era un ser ambiguo, de dos caras, que rechazaba mis propios sentimientos y negaba mi interés por ella.

Advertí, una vez más, que íbamos a reiterar la sinonimia, las mismas palabras, los mismos reproches. Todo lo dicho hasta el cansancio.

Me replegué en mí mismo. Sólo cabía el silencio. Lo que estaba detrás del silencio.

Pero Alejandra hablaba. Hablaba. Era como Hécuba en *Las troyanas,* de Eurípides. La Hécuba de una queja inacabable ante los dioses malditos y silenciosos. Una Hécuba que se desgarraba ante un mundo hecho de trampas y oposiciones.

Pretendí romper ese silencio. Salir de ese muro de tinieblas que había inmovilizado mi lengua, atado mis palabras. Sólo conseguí las reiteraciones. Las ideas fijas que movían el deseo de Alejandra. Eran las voces contra el muro. La ira que se servía de reproches que estallaban en vano.

Ya era muy tarde. La madrugada seguía creciendo. Los bares estaban agotados. Sólo quedaban los bancos de la plaza. La soledad en la soledad.

Tomé la valija y ella me siguió como una autómata, como un Golem de arcilla dispuesto a derrumbarse al menor gesto que pretendiera borrar sus letras.

Dos niños, envueltos en un hule, dormían en el banco. Un viejo, acaso un mendigo, dormía en el de al lado, con un perro a sus pies. El animal nos vio pasar pensativos y movió la cola. Estábamos perdidos, sin ánimo ya. Con el fervor hecho trizas.

Seguimos. Tomamos posesión de un bloque de cemento abandonado en un extremo de la plaza. Nos sentamos. Oíamos el rumor del nuevo día. El rumor de la luz que ya caía sobre nuestros rostros. No hablábamos. Hablaba nuestro silencio.

Eso duró muy poco. O duró un siglo. O bien toda la vida que rugía a nuestro lado.

Tomé la valija. Caminé. Caminó ella automáticamente. Caminamos la eternidad.

Alejandra me siguió. Llegamos a la puerta de su casa. Dejé la valija. Ella sonrió nerviosamente. Acaso fue una mueca o el último intento. O quizás el gesto definitivo. La besé sin palabras y di la media vuelta.

La luz refulgía cada vez más, como un nuevo infierno sobre el mundo. Un infierno que devoraba el deseo y la aventura de una valija donde yacía el amor y se doblaban las edades. El mundo quedaba roto, irrecuperable. Perdido para siempre.

Fue el día más largo de nuestras vidas.

ADDENDA

DOS POEMAS

Después del fallecimiento de Alejandra Pizarnik, Juan-Jacobo Bajarlía le dedicó varios poemas que aparecieron en distintos medios. Dos de ellos que integran *El poeta y el exilio* (Ocruxaves/Filofalsía, 1990) se transcriben a continuación. *Bhuma*, el apelativo de Alejandra, se escribe, indistintamente, con *h* o sin ella. Ambos lo empleaban sin regla fija. (N. del E.).

SOMBRA EN LA LUZ

Ya eras Grande y no Flora
y te buscabas descendiendo en la piedra
que alimentaba el cansancio
cuando la sangre de Bathory lamía el clavo
y los crímenes de Erauso se transfiguraban en de Quincey.
Stephen Dedalus buscaba los ojos muertos
    del marqués de Sade
      que tú coleccionabas en las tiras del muro
      junto a la librería de la señorita Ulises en París.
Pero en la valija llena del mundo que traías
    en el bar caído en las tazas de la noche
estaba tu virginidad acumulada de mañanas
tu sonrisa inclinada de granos

la ausencia que alzaba palabras lejanas
los fantasmas que crecían de miedo en el poema
   para esmaltar la sangre
y el alma de la locura que se festejaba a sí misma.
"Voy contigo", me dijiste , y todo fue un comienzo.
El camino se perdió en el deseo
cayendo en un río de voces devoradas en la piel.

AUN ESTAS AHI

A Bhuma

Aún estás ahí
    detrás de tu nombre
      perdida en el camino que se extendía en el deseo
      en las ausencias que caían de la noche
       junto a la taza de café que enumeraba el abismo.
Los relojes dormían retardando el alba
y las palabras brillaban en tus ojos
    buscando las puertas del exilio
       las sombras que inscribían tu ser
       y el miedo que humedecía tus ideas.

Aún estás ahí
    detrás de tu nombre
   el mundo en la valija
   y el río de Heráclito en tus manos
     bajo las horas que enredaban los recuerdos.
Sentada ahí
    pasaban los espejos que cubrían tu voz
              los horizontes
   las piedras que alimentaban tu sangre
   las imágenes que tejían el tiempo.

La poesía estallaba bajo la luna de Empédocles
y te abría la puerta de fuego
donde buscabas tu cuerpo detrás de tu nombre.
Sólo fue una palabra que cayó del enigma
cuando los ojos de la memoria te vieron esa noche.
Aún estás ahí
    detrás de tu nombre.

ÍNDICE

Se terminó de imprimir en el mes de setiembre de 1998
en los Talleres Gráficos Nuevo Offset
Viel 1444 - Capital Federal